面相

Great Tips To Activate Good Luck

懂面相，就看這本書

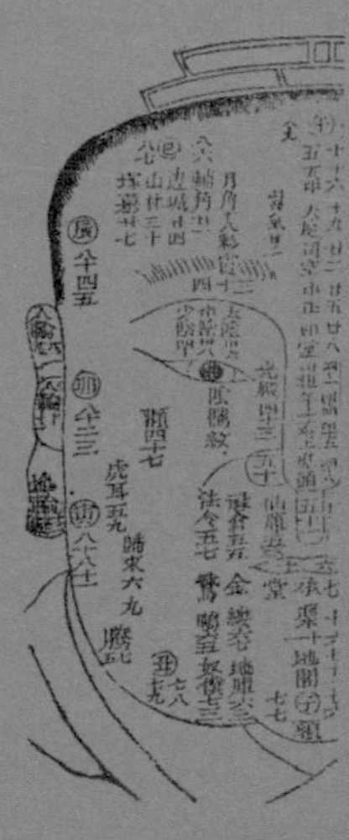

命理名師
黃恆堉
李羽宸

「相」可分為內相和外相

台灣俚語說：

人呆，看面就知。
人傻，看他的行動。
人槌，看他的行為。
人空，頭殼給人亂摸。

由此可知一個人的特質，
可以由面相得知。

作者序 從面相了解人生百態

人猶如滄海之一粟邈若山河，而萬物更迭的變化卻高深莫測。臺灣俚語：「落土時，八字命。」天生有命，人生有運，知己也知彼，方能展現所長，提升自我。

五術——山、醫、命、卜、相。

山：包含以食療、氣功、拳法等養生之道，陰宅地穴堪輿之術等，皆是「山」的研究範疇。

醫：包含中西醫、藥草、秘方、偏方、針灸、刮痧等等中國傳統的醫術。

命：包含子平八字、紫微斗數、鐵板神算、西洋占星術等。

卜：包括米卦、孔明神卦、梅花易數、六壬神課、金錢卦、擇日學、奇門遁甲、太乙神數等等。

相：包含手面相、骨相、名相、印相、帖相、宅相等等。

這麼多學術研究的範疇，面相乃觀察一個人的面貌，也就是「趨吉避凶」、「預知未來」。但是當你看出人生禍福吉凶的時候，除了知命認命之外，要改變的就是「運」，優點盡情揮灑，缺點盡量改善，在現今如此現實貪婪的社會，「知人知面又知心」，將是攸關成功與失敗的重要關鍵。

本書分成兩大章節，內容豐富，淺顯易懂，介紹面相五官、痣斑、疾厄、富、貴、壽、貧、夭、流年。均有詳圖解說，生動活潑，字義平述，期使能對讀者有莫大的助益。

從面相了解人生百態，實際生活中靈活運用，乃是本書編輯的目的。人手一冊，無師自通，讓自己更加認識自己，進而看清對方，小心印證，任何疑難雜症皆能獲致圓滿的解答。

高雄市五術教育協會 理事長 李羽宸
序於 吉謙坊命理開運中心

作者序　改變面相，改變命運

人與人見面，首先接觸的就是肢體語言，除了握手外，大概都會注視對方的臉部表情，於是就有面相知吉凶的學術出現了。

人生活在社會上，不管是家人相處或工作中與同事或與客戶相處最直接加分及減分的項目就是面相。

雖然我們不能決定我們的出生，但我們卻可以掌握我們的行運好壞。尤其可以在面相的學術基礎上去學習如何知人知彼爾後能百戰百勝，本書已經將人從頭到腳仔細的剖析各部位的現象與特徵，以便知道某種形態的臉型大概會有怎麼樣的性格特質，以便讓我們自己做改變，甚至能跟不同類型的人做友善的溝通與相處，學會面相後如能廣結善緣，跟大夥成為好朋友這就是我們樂見的不是嗎？

照統計面相分為「外相與內相」兩種。
外相有：舉動、表情、特徵、形態、輪廓。
內相分：眼神、聲音、度量等等。

面相很容易懂，因為內、外相每個人都有，很好做比較，時時刻刻能察言觀色，就能趨吉避凶。同樣的要得好人緣就要做到菜不合意少動筷，人不合意不開腔；見著禿子不講瘡，見著瞎子不講光， 見著先生要說書，見著屠夫要說豬，也等於要見人說人話、見鬼說……。

談面相有太多人會問：面相可以改變嗎？當然可以。在科技這麼進步中要變臉太容易了，但人生的運勢要改變的不只是外相而已，改變了外相可能只加分30%。

如果能將內相隨之調整，更可以加30%，相對的內相是比較不容易改變，要不斷的學習，總之：相由心生、心隨意轉、心由自養，當您的意念有想法了，心就啟動，自然就會表現在臉上，臉上表情改變了，運勢也隨之改變，由此證明一個人的面相是絕對可以改變的。

最後希望您看完這本書後能隨時保持微笑，就能永遠保持好的運勢，您做得到嗎？要說Yes！永遠感恩您、感謝您！

台中市五術教育協會 創會理事長 黃恆堉
序於　吉祥坊命理開運中心

附記

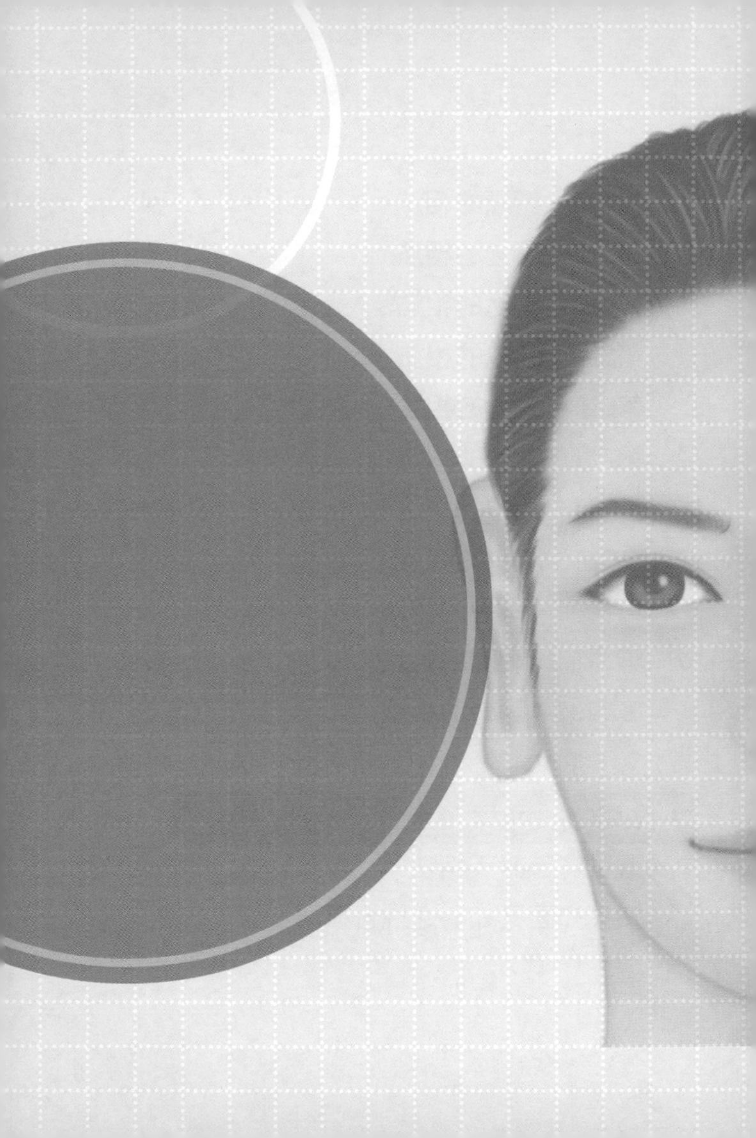

第一章

何謂面相學

第1節 面相學的功能

1、面相學的應用範疇很廣，可用於八字推命的輔助、人心善惡的鑑察、人際關係的經營、命運興衰的過程、壽命長短的參考、吉凶禍福的變化。

2、所謂內向佔60%，外相佔40%；而外相含面相70%，手相30%，可見面相所佔的比例很高。

第2節 三才、三停

1 三才：三才與姓名學三才雷同，分為「天」、「人」、「地」。

- 「額」稱為「天」，額闊豐滿、高廣光滑，稱為「有天」主貴。
- 「鼻」稱為「人」，豐隆潤澤、直峻圓正，稱為「有人」主壽。
- 「頦」稱為「地」，豐滿盈隆、方厚光潤，稱為「有地」主富。

2 三停：將臉分成三等分，做為探討人生命運少年、中年、老年之相法。三停以取得平衡等長最為理想，三停平等則富貴榮顯，三停參差則優劣立現。是故上停、中停、下停等長最吉，若其中有比較短的，則那一停運勢必不佳。

人身三停

- 上停——頭～頸部；
- 中停——肩膀～腰部；
- 下停——腰部～腳底。

- 上長下短（貴相）；
- 下長上短（賤相）；
- 中長下短（多貴）；
- 中短下長（勞碌）。

●**「上停」：從髮際到眉間（15～30歲），**主青少年運。額頭容光煥發，無痕無傷，表示有祖蔭，得父母親及長輩庇蔭，無論出生富有或貧困之家庭，早年運勢皆佳。

相反的若是額頭狹窄凹陷，又有傷痕污點者，表示早運不好，即使生於富有之家庭，也難免多災多難。

● **「中停」：從眉間至鼻尖（31～50歲）**，主中年運。鼻型豐潤圓滿，且無傷痕者，表示中年運勢必佳。相反的若是中停過長或過短，與整個臉型比例顯得過於突兀，則意志力薄弱，容易招致厄運，必須行善積德等候晚年運勢。

● **「下停」：從鼻尖至下巴尖端（51歲以後）**，主晚年運。地閣豐隆，無傷痕及污點者，表示身心健康，家庭和樂。相反的下巴太窄太小，又有傷痕污點，則晚年易招不幸。男人以「天停」論才華、智慧、事業；女人以「下停」論福份、子女運。

人面三停

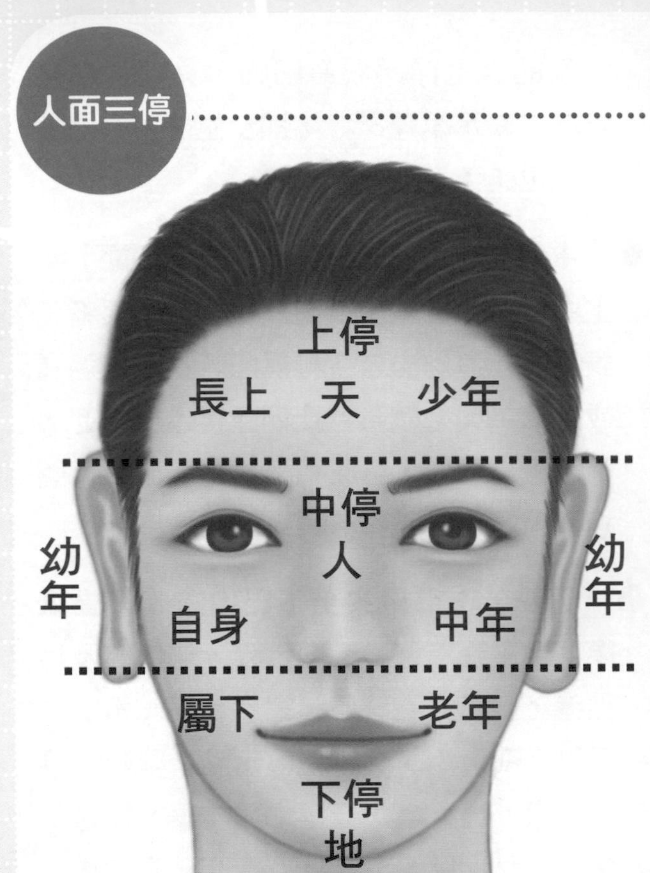

第3節 面貌五官

耳朵、眉毛、眼睛、鼻子、嘴巴，稱為五官。

1. **耳朵（採聽官）**：耳要色鮮、高聳於眉、輪廓分明、貼肉厚實、鳳門寬大者，謂之採聽官成。
2. **眉毛（保壽官）**：眉要寬廣、清長入鬢、懸如新月、首尾豐盈、高居額中者，謂之保壽官成。
3. **眼睛（監察官）**：眼要含藏、黑白分明、瞳子端定、光彩射人、細長極寸者，謂之監察官成。
4. **鼻子（審辨官）**：鼻要端直、印堂平闊、山根連印、年壽高隆、準圓庫起、色鮮黃明者，謂之審辨官成。

5 嘴巴（出納官）：口要方大、唇紅端厚、角弓開大闔小者，謂之出納官成。

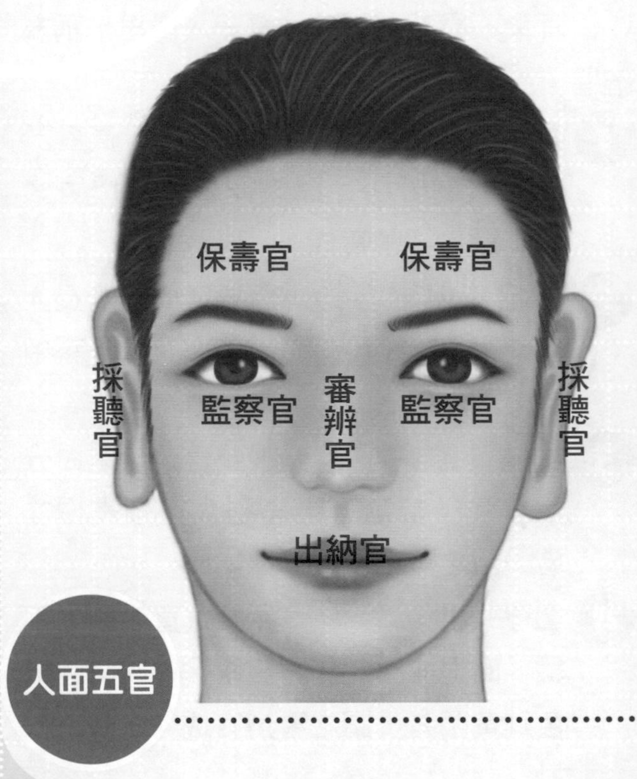

第4節　十二宮位、十三部位

十二宮位圖

遷移宮　母宮　事業宮　父宮　遷移宮
福德宮　福德宮
兄弟宮　命宮　兄弟宮
夫妻宮　田宅宮　田宅宮　夫妻宮
子女宮　疾厄宮　子女宮
財帛宮
奴僕宮　田地宮　奴僕宮

十二宮位就是表示臉部的十二個位置，加上一個部位（整個臉部）即是十三部位，我們從十二宮位（加上整臉）的盈隆缺陷，察言觀色時，便能適時看出一個人的運勢變化。

命宮

「命宮」居於印堂和兩眉之間，鼻樑山根的上方，主掌一生精神、本命之吉凶禍福與榮枯。

- 若圓滿平坦如鏡，氣色紅潤，無雜毛痕紋者，主才德過人，運勢順利，福壽安康。
- 命宮直透山根，年上壽上至準頭，均平整直聳，而兩眼黑白明亮分明，主豐衣足食，富貴綿延。
- 命宮凹陷色黑，主貧寒禍臨；紋多雜亂，主是非口舌；痕紋痣斑，主命運多舛；命宮狹窄、偏枯、凹痕、低陷，主貧窮、破財、刑剋妻子，不是孤獨就是壽短。

官祿宮

「官祿宮」居於中正之部位（額頭中央），上接天庭，下接印堂，主掌事業功名，故又稱事業宮。

- 若平坦光潤，豐滿明亮，且額角明淨無痕，主功名順利，事業發達。
- 若命宮、官祿、山根各部位，皆豐滿寬廣，無凹陷傾斜、灰黑黯痣，且開闊明亮，必主富貴顯達。
- 若有痕紋直沖，氣色灰黯，無光無彩，凹陷促狹，主命運坎坷，是非不斷。

父母宮

「父母宮」居於眉毛上方，官祿宮兩側，居於日月兩角，主父母及晚年之運勢。

- 若日月兩角圓廣光潤，高聳豐滿，主父

母健康長壽。

●日月兩角盈隆明亮，天倉寬廣直入頭頂，眉眼端正，主受祖先父母之庇蔭。

●日角偏斜、缺損、低塌，主妨父或與父無緣；月角偏斜、缺損、低塌，主妨母或與母無緣，亦或是同父異母、同母異父，離家外出自立更生而幼年多災，最好是認義父母則可減輕其災（男左女右）。

兄弟宮

「兄弟宮」居於左右雙眉，主掌社交、兄弟姊妹。

●宜眉清秀長、優雅端正；男子宜粗、女子宜細，主兄弟姊妹和睦而得助。

●眉清細長分明，主兄弟姊妹之中，必有才德高尚之士。

●眉短稀疏、低陷不足、眉毛中斷，主個性怪異，兄弟姊妹緣薄。

●眉捲雜亂，主兄弟姊妹中不得助，且必出性怒無常之人。

福德宮

「福德宮」居於眉尾正上方，主掌一生之福祿壽。

●若其部位豐滿光亮、氣色紅潤，主祖蔭積善、老運昌隆，逢凶化吉之象。

●若天倉部位凹陷痕紋、氣色黯沉，主早年辛苦、勞碌，事業不順。

遷移宮

「遷移宮」居於天倉之上，亦稱驛馬位，主掌變動、外出、社交、旅行、移徙等對外之動態。

●宜寬廣飽滿、光彩明亮，主變動順利，若至天倉、夫妻之位皆平滿豐盈，且驛馬位寬廣者，主老來得貴，雲遊四方，處處得利。

●若驛馬位凹陷昏黯、黑青無光，主老來難以安居，變動不利。

●天中、天庭、司空、中正、印堂、山根、年上、壽上、準頭、人中、承漿、地閣必須呈一直線，若歪斜不正，主居所不定常變遷。

夫妻宮

「夫妻宮」居於魚尾（眼尾）、奸門，主掌夫妻婚姻感情。

●宜豐盈平滿、光潤寬廣，主婚姻美滿、

夫妻榮貴。

- 若凹陷痣斑、魚尾焦黑斜紋，主夫妻緣薄，好淫慾，易有外遇之象。
- 奸門深陷，顴骨高凸露骨，主夫妻刑剋。
- 若魚尾紋多又雜亂，主妨夫或妨妻。

田宅宮

「田宅宮」居於眼皮，眉毛與眼睛之中間部位，主掌田園、產業、家庭之運。

- 也要參看眼睛，若黑睛多眼白少，雙眼炯炯有神，黑如漆而有神，主產業豐富。
- 兩眼清秀，眼皮寬廣，主家業興盛。
- 若眼睛無神，黑睛少眼白多，眉緊壓眼，主家財破敗。
- 若眼凸或凹陷，皆主創業辛苦。

疾厄宮

「疾厄宮」居於山根之下，亦即年上、壽上之部位，主掌身體健康、疾病。

●宜山根至準頭，皆豐滿光潤，主身心健康、福祿壽全。

●若山根凹陷、明顯痕紋，主健康、事業皆不順。

●若低陷不平、無肉削尖，主多災厄，福壽難全。

子女宮

「子女宮」居於兩眼之下，稱為淚堂，又名男女宮，主掌子女運及異性關係。

●宜淚堂之位豐滿平潤，主身心健康與子女緣厚，子孫昌隆。

●若淚堂深陷凹痕、痣斑黑青，主與子女

緣薄，並且有刑剋。

●淚堂紅潤主生男，黑青黯沉主生女或產厄。

財帛宮

「財帛宮」居於準頭（鼻頭）之部位，主掌財運。

●宜豐滿光潤，從山根、年上、壽上至準頭沒有凹陷，鼻孔又不漏，主財帛豐厚、富貴榮華。

●若山根凹陷無勢，準頭豐盈，主早年貧困，中年過後始能積財；反之則早年家境良好，中年過後漸漸凋落。

●若鼻孔（蘭台、廷尉）露仰朝天，則錢財易破敗。

奴僕宮

「奴僕宮」居於地閣之位（下顎、嘴角之下），主掌朋友、部屬緣份。

- 宜飽滿豐厚、氣色紅潤，主下屬有助，人事老運俱佳。
- 若地閣尖陷歪斜、氣色枯黃，主下屬不忠，人事老運皆差，朋友無助。

整體相貌

謂之面相總稱，所謂相貌堂堂。

耳朵要厚實有肉、輪廓分明；

額頭要寬廣飽滿、氣色光潤；

眉毛要清亮秀氣、眉高形佳；

眼睛要藏而不露、黑漆如光；

鼻子要厚而端實、豐隆潤澤；

地閣要寬廣方厚、豐滿圓潤。

第5節 面相七十五部位及百歲流年圖

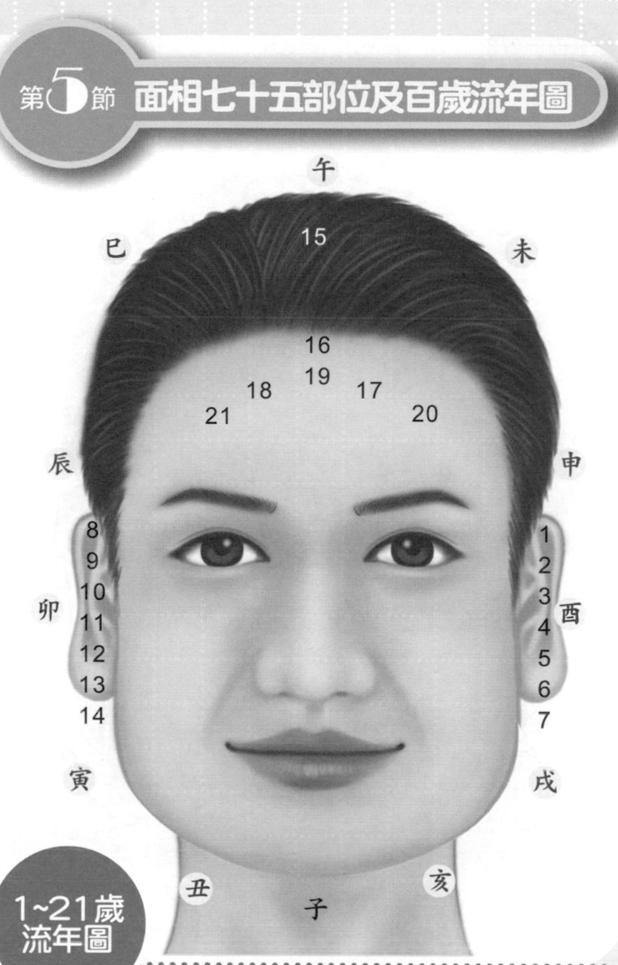

1~21歲流年圖

22~40歲流年圖

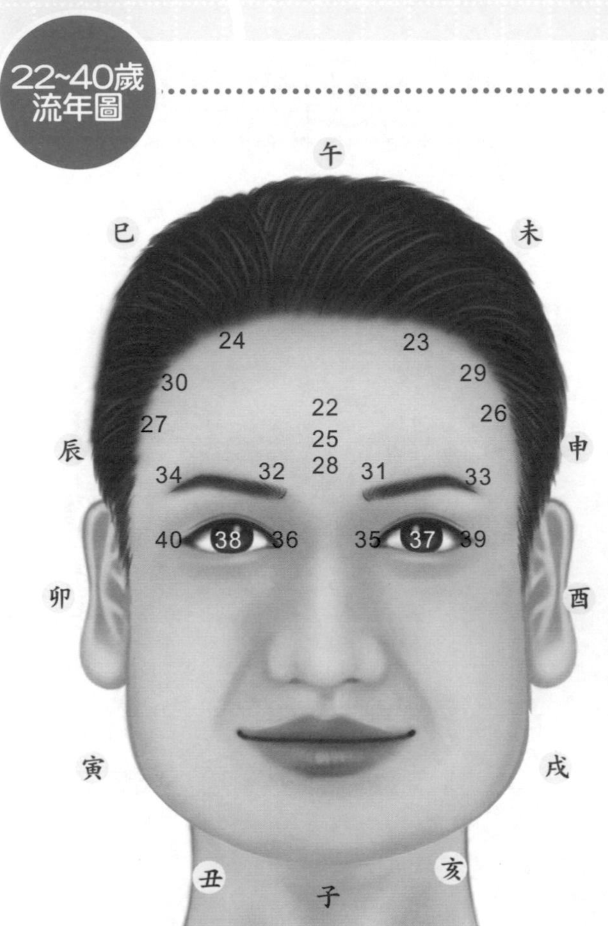

午
巳
未
24
23
30
29
22
26
27
25
辰
申
34
32
28
31
33
40
38
36
35
37
39
卯
酉
寅
戌
丑
亥
子

41~60歲流年圖

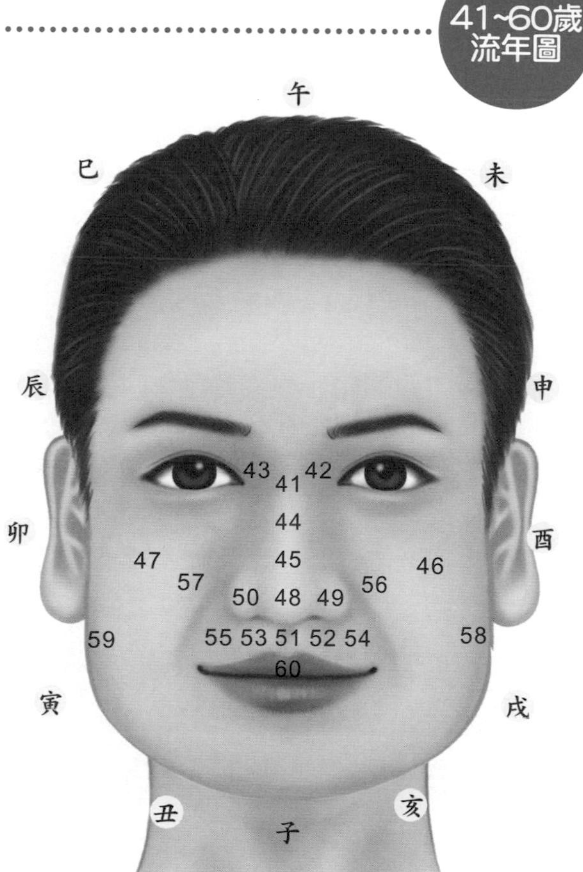

午
巳
未
辰
申
43
41
42
44
卯
酉
47
45
46
57
56
50
48
49
59
55
53
51
52
54
58
60
寅
戌
丑
子
亥

61~78歲流年圖

午
巳 未
辰 申
卯 酉
65 64
寅 67 63 62 66 戌
61
69 75 73 70 72 74 68
71
丑 78 77 子 76 亥

面相七十五部位名稱表

歲	1.2	3.4	5.7	8.9	10.11
宮位	天輪	人輪	地輪	天輪	人輪
歲	12.14	15	16	17	18
宮位	地輪	火星	天中	日角	月角
歲	19	20.21	22	23.24	25
宮位	天庭	輔角	司空	邊城	中正
歲	26	27	28	29.30	31
宮位	丘陵	塚墓	印堂	山林	凌雲
歲	32	33	34	35	36
宮位	紫氣	繁霞	彩霞	太陽	太陰
歲	37	38	39	40	41
宮位	中陽	中陰	少陽	少陰	山根
歲	42	43	44	45	46.47
宮位	精舍	光殿	年上	壽上	顴骨
歲	48	49	50	51	52.53
宮位	準頭	蘭台	廷尉	人中	仙庫
歲	54	55	56.57	58.59	60
宮位	食倉	祿倉	法令	附耳	水星

歲	61	62.63	64	65	66.67
宮位	承漿	地庫	陂池	鵝鴨	金縷
歲	68.69	70	71	72.73	74.75
宮位	歸來	頌堂	地閣	奴僕	腮骨
歲	76.77	78.79	80.81	82.83	84.85
宮位	子 坎 ： 水 11 北 月 方	丑中 ：宮 12土 月	寅艮 ：土 1 東 月北	卯震 ：木 2 東 月方	辰中 ：宮 3 土 月
歲	86.87	88.89	90.91	92.93	94.95
宮位	巳巽 ：木 4 東 月南	午離 ：火 5 南 月方	未中 ：宮 6 土 月	申坤 ：土 7 西 月南	酉兌 ：金 8 西 月方
歲	96.97	98.99	100		
宮位	戌 中 ： 宮 9 土 月	亥乾 ：金 10西 月北	子		

第6節　十二宮部位總論

天庭

- 宜寬廣飽滿、氣色紅潤，主祖蔭甚豐、婚姻美滿。
- 也表示當年十九歲流年運勢正旺，故頭髮不宜遮掩為佳，旺方在南、夏季、四、五、六月。
- 若有凹陷、疤痕、尖凸、雜亂、氣色黯沉，皆主刑剋六親祖蔭不佳。

中正（官祿）

- 宜平整飽滿、氣色紅潤，主諸事如意、財利亨通。
- 也表示當年二十五歲流年運勢正旺，旺方在南、夏季、四、五、六月。

●若有凹陷、疤痕、氣色黯沉，皆主易丟官職，意外血光、官非訴訟。

印堂（命宮）

●宜平整飽滿、氣色紅潤，主命宮強，陽宅、婚姻、貴人、家庭等皆如意，旺方在各方，一年四季，一～十二月皆旺。

●若有凹陷、疤痕、氣色黯沉，皆主一生多阻礙，陽宅、家庭、婚姻、事業皆不順遂。

驛馬

●宜寬廣飽滿、氣色紅潤，主萬事變動、遷移、外出皆順利。

●二十九歲流年左驛馬，旺方在西南、夏秋季、六、七、八月。

●三十歲流年右驛馬，旺方在東南、春夏季、二、三、四月。

●若有凹陷、疤痕、惡痣、氣色黯沉，主宜靜不宜動，守成為上。

日角

●日角看父親及考試運，相理佳、氣色好，主與父親緣厚，考試順利。

●十七歲流年在日角，旺方在西南方、夏秋季、五、六、七月。

●若有凹陷、疤痕、惡痣、氣色黯沉，主與父親緣薄，考運也差。

●若已過了青春期，此部位還長青春痘，表示容易為父親煩惱。

月角

●月角看母親及考試運，相理佳、氣色好，主與母親緣厚，考試順利，十八歲流年在月角，旺方在東南方、春夏季、三、四、五月。

●若有凹陷、疤痕、惡痣、氣色黯沉，主與母親緣薄，考運也差。

●若已過了青春期，此部位還長青春痘，表示容易為母親煩惱。

福堂

●宜寬廣飽滿、氣色紅潤，主一生少災，多福份。

●二十歲流年左福堂，旺方在西南、夏秋季、六、七、八月。

●二十一歲流年右福堂，旺方在東南、春

夏季、二、三、四月。

●若有凹陷、疤痕、惡痣、氣色黯沉，主一生多災，少福份。

天倉

●宜豐滿光潤，配合妻宮奸門圓滿豐盈，主早運佳、婚姻幸福。

●二十六歲流年左天倉，旺方在西南、夏秋季、六、七、八月。

●二十七歲流年右天倉，旺方在東南、春夏季、二、三、四月。

●若有凹陷、疤痕、惡痣、氣色黯沉，主婚姻不美、早運差。

眉毛

●宜眉長過目，清秀豐盈，主兄弟、朋友

助益多。

●三十一、三十三歲流年左眉毛，旺方在西方、秋季、七、八、九月。

●三十二、三十四歲流年右眉毛，旺方在東方、春季、一、二、三月。

●若眉毛稀疏、短促，主兄弟、朋友無助。氣色又不佳的時候，避免合夥、投資、作保。

淚堂

●宜平滿潤澤，主與子女緣厚，子孫隆昌。

●三十五、三十七、三十九歲流年左淚堂，旺方在西方、秋季、七、八、九月。

●三十六、三十八、四十歲流年右淚堂，旺方在東方、春季、一、二、三月。

●若淚堂凹陷、惡痣、斜紋，主與子女緣薄、易有刑剋且多病。

奸門

●宜豐隆平滿，氣色光潤，主婚姻美滿。

●三十九歲流年左奸門，旺方在西方、秋季、七、八、九月。

●四十歲流年右奸門，旺方在東方、春季、一、二、三月。

●若有惡痣，痕紋多又雜，主夫妻緣薄刑剋，遲婚且易有外情。

山根

●宜寬廣厚實、飽滿高聳，主祖蔭佳，意

志力強，體質好，身心快樂。

●四十一～四十三歲流年，旺方在中央、四季、三、六、九、十二月。

●若山根凹陷、痕紋、惡痣，主行運多阻礙，體質差。

年壽

●相書云：「問貴在眼、問富在鼻」，又是財帛與疾病宮位，宜氣色明潤，光滑潤澤，四十四、四十五歲流年，旺方在中央、四季、三、六、九、十二月。

●若年壽有痕紋、惡痣、突張，皆主財運不佳、婚姻不美。

顴骨

●宜豐滿高聳，氣色明潤，主權勢、地

位、社交能力強。

●四十六歲流年左顴骨，旺方在西方、秋季、七、八、九月。

●四十七歲流年右顴骨，旺方在東方、春季、一、二、三月。

●若顴骨露骨凸尖、高聳無肉，主剋夫勞碌，犯小人，難有子息，中年破敗。

準頭

●宜豐隆有肉，氣色光潤，主財富、賺錢能力。

●四十八歲流年，旺方在中央、四季、三、六、九、十二月。

●若尖薄露孔、氣色晦暗，主一生孤貧，勞碌無成，破財損耗，女性婚姻不美滿。

●四十九歲流年看左孔（蘭台）。

●五十歲流年看右孔（廷尉），旺方在中央、四季、三、六、九、十二月。

人中

●宜深長光潤，主壽長多子，婚姻美滿，生平多貴人。

●五十～五十五歲流年，旺方在北方、冬天、十、十一、十二月。

●人中短主壽短，歪斜溝底坎坷不平，易破財，子女運不佳，背痛、胃腸差、婦疾。

仙庫與食庫

●宜平整寬闊，主口福、有食祿，喜整潔乾淨。

- 五十二、五十四歲流年左仙庫與食庫。
- 五十三、五十五歲流年右仙庫與食庫，旺方均在北方、冬天、十、十一、十二月。
- 仙庫凹陷、惡痣、疤痕，主口福食祿皆差。

法令紋

- 法令紋相理佳，宜往軍、警、政、學術、技術方面發展。
- 主五十六歲流年左法令，旺方在西北方、秋冬季、九、十、十一月。
- 五十七歲流年右法令，旺方在東北方、冬春季、十一、十二、一月。
- 法令細窄而長、垂入口，主刑剋子孫，

勞碌無成，難有祖業，貧困壽短。

命門

- 命門配合耳朵，氣色紅黃紫潤，主運勢亨通，乘勢而發。
- 主五十八歲流年左命門，旺方在西北方、秋冬季、八、九、十月。
- 五十九歲流年右命門，旺方在東北方、冬春季、十二、一、二月。
- 命門和耳朵均發黑，主運勢受阻，壽終之相；氣色白枯，主時運不濟。

水星

- 水星就是嘴巴，兼論口、唇、齒，唇紅齒白，嘴形相稱，嘴角微翹，主晚運吉祥，信用可靠，子女賢達孝順。

●主六十歲流年，旺方在北方、冬季、十、十一、十二月。

●若口、唇、齒，相理欠佳，主老年要防厄運，且易孤獨、子女緣薄。

承漿

●宜微凹色潤，主晚年財庫有守，貴人多助。

●主六十一歲流年，旺方在北方、冬季、十、十一、十二月。

●若平坦色黯，下巴過窄，主財庫難守，晚運易破敗。

地庫

●流年六十一～七十五統稱老運，均與奴僕宮相關連，相理佳則家居安定，得部屬之力。

●主六十二歲流年左地庫，旺方在西北方、秋冬季、九、十、十一月。

●六十三歲流年右地庫，旺方在東北方、冬春季、十一、十二、一月。

●地庫一般跟地閣、承漿、奴僕同參，若相理差，主晚運不佳，居所不定，部屬亦不得力。

地閣

●宜豐廣圓潤，氣色潤澤，主部屬得力，居家安定，晚運吉祥。

●主七十、七十一歲流年，旺方在北方、冬季、十、十一、十二月。

●若下巴過尖、成W型、直痕紋，主家運

不濟，晚年孤獨。

耳朵

●宜豐實潤澤，耳珠豐滿，輪廓分明，主才智過人，幼運、健康、壽元均佳。

●主一～七歲流年左金耳，旺方在西方、秋季、七、八、九月。

●八～十四歲流年右木耳，旺方在東方、春季、一、二、三月。

●若耳朵薄小，缺陷不齊，氣色晦暗，主幼境不好，與父母緣薄。

第7節　五行臉之相法

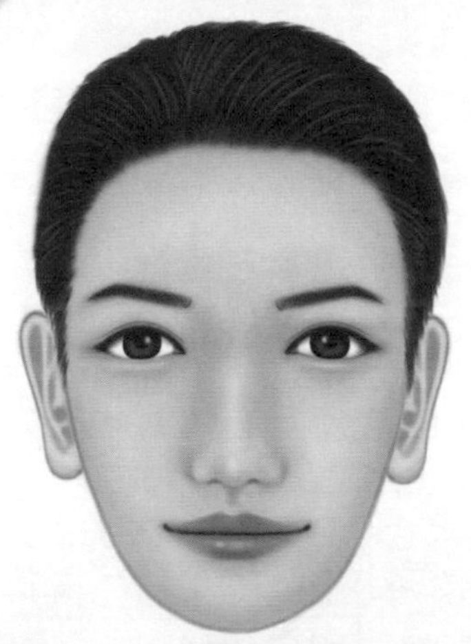

木形臉

臉形以修長為主，如「鵝蛋臉」，五官、四肢俱長，乃合此格。木形臉的人心地仁慈，心胸寬大，樂善好施，而心思也比較細密；木形人青而瘦長，性格溫和，忌蒼白之膚色，宜從事工商、藝文業。

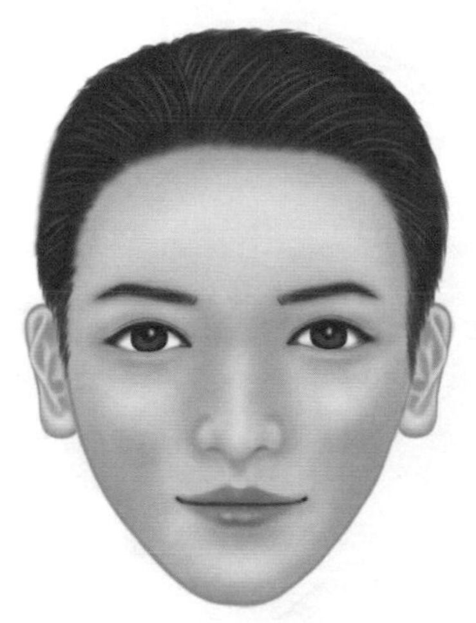

火形臉

火形臉是上闊下尖，兩頰削瘦，而下巴比較尖的臉形，顴骨高尖，耳廓露尖，筋骨俱露，乃合此格。火形臉的人好禮，衝勁過人，容易意氣用事，六親較無緣且勞碌；火形人赤而尖露，性格畢露，忌黯黑之膚色，宜從事工商、武職。

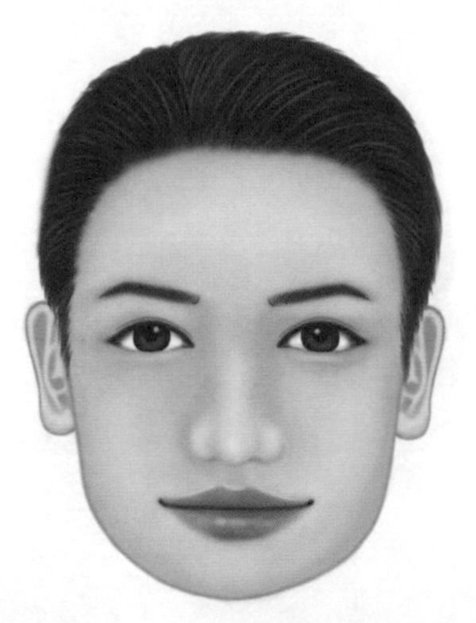

土形臉

臉形面方長短適中，骨肉平均，鼻隆口闊，乃合此格。土形人穩重踏實，待人寬容，講求信用，領袖格局；土形人黃而厚實，性格敦厚，忌青綠之膚色，宜從事工商。

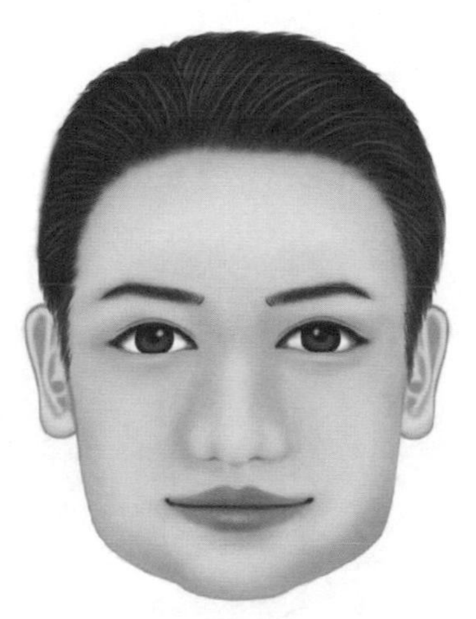

金形臉

就是所謂的「國字臉」，臉形端正，五官方正，乃合此格。金形人公正不阿，性情剛直，意志堅定講義氣；金形人白而方正，性格端正，忌泛紅之膚色，宜從商、公職或自由業。

水形臉

臉形以圓潤渾厚且不露骨，唇寬口大，身材略胖，乃合此格。水形人足智多謀，性情溫和，廣結善緣；水形人黑而肥碩，性格圓融，忌棕黃之膚色，最適宜經商。

第8節 十字面相圖

中國傳統面相學古書中，是將臉部分成十種類型來推論吉凶，乃是以文字來形容，而此十種類型相學，為東方人專用。

1. 由字面
2. 甲字面
3. 申字面
4. 田字面
5. 同字面
6. 王字面
7. 圓字面
8. 目字面
9. 用字面
10. 風字面

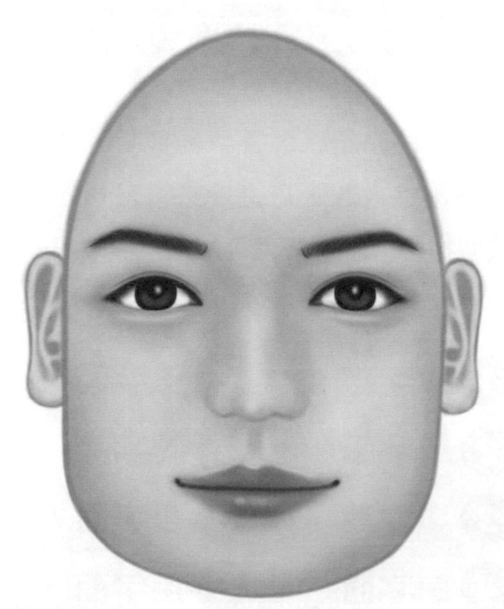

由字面

驛馬、天倉處狹窄，而奸門、命門、法令、地閣處豐腴的臉形，稱為由字面。早年辛苦，晚年享福，尤其女性重地閣，一生福祿必多。

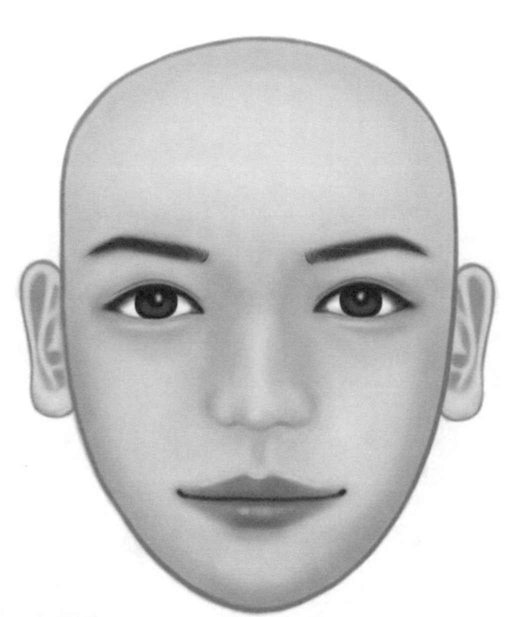

甲字面

額頭寬闊，兩腮至地閣狹窄的臉形，稱為甲字面。早年發達，老年艱辛，但品德佳，尤其是女性，聰慧又有子福。

申字面

額頭和地閣都很狹窄的臉形，稱為申字面。早年辛苦，中年發達，老運艱辛，與父母緣薄，中年行運較佳必須要把握。

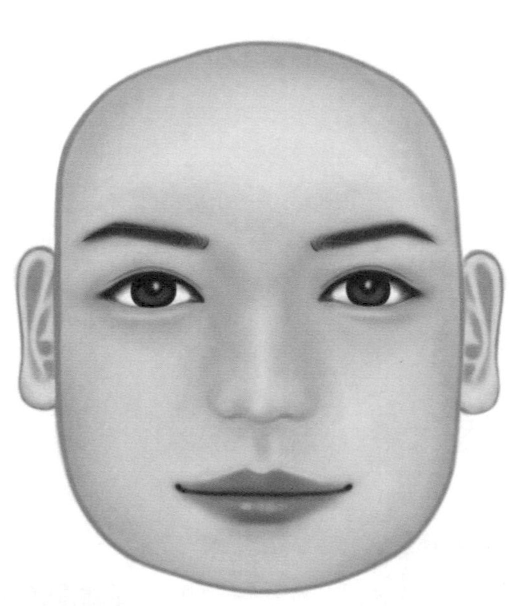

田字面

面容端正，臉形四方，額頭地閣皆豐隆，稱為田字面。一生運勢強旺， 運程順遂，此乃富貴之格。

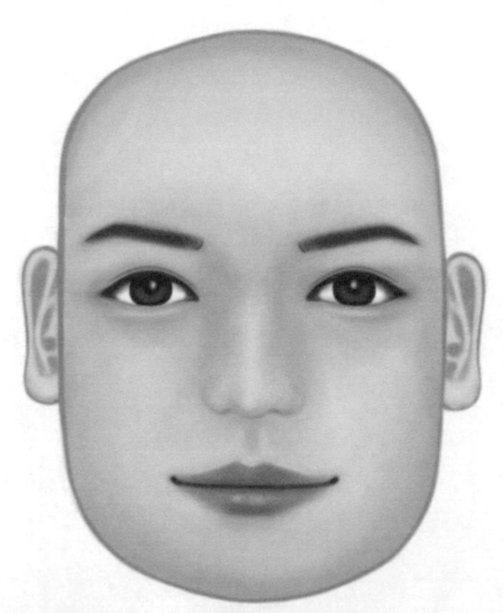

同字面

額三停等長，長方形臉形，五嶽隆明，稱為同字面。此格終生幸福長壽，若為女性，必能獲得夫運及子運。

五嶽：右顴－東嶽泰山，額頭－南嶽衡山，鼻子－中嶽嵩山，左顴－西嶽華山，下頦－北嶽恆山。

王字面

面部方正，顴骨下顎發達，有骨無肉，稱為王字面。一生勞苦之命，或能得壽，但財運始終不佳，而且夫妻緣薄。

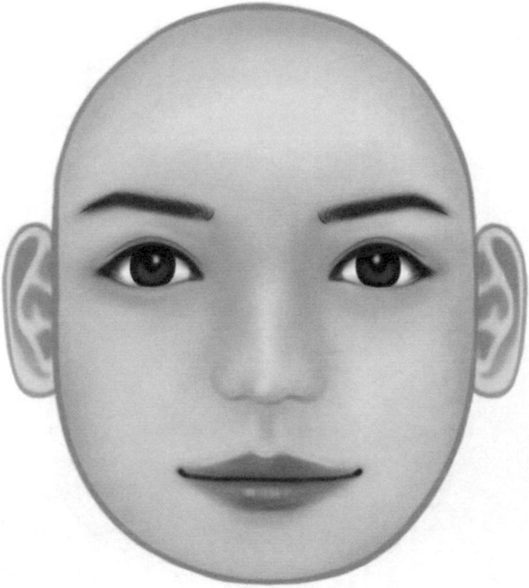

圓字面

凡面圓、耳圓、眼圓，稱為圓字面。為人處事很圓融，但與父母親緣薄，防意外之災。

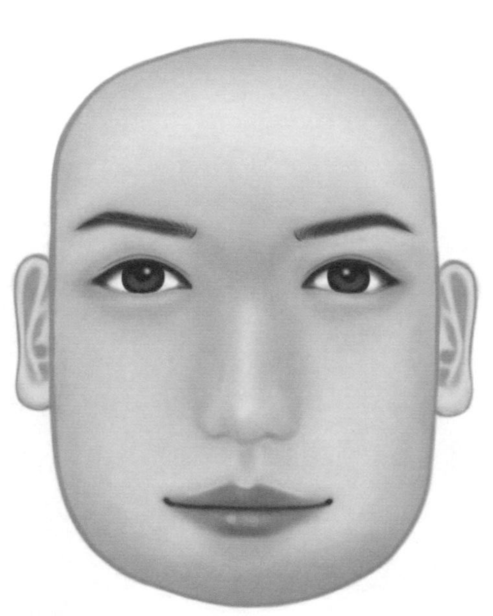

目字面

三停不均等，長方形之臉形，稱為目字面。或能得壽，只是中年過後運勢走弱，聰明有智慧，但稍嫌勞碌孤獨。

用字面

臉部方正，但就是下巴凸出變形，稱為用字面。個性自我，刑剋六親， 但只要具有謙虛、尊重、禮讓的精神與認識，還是會有好結果。

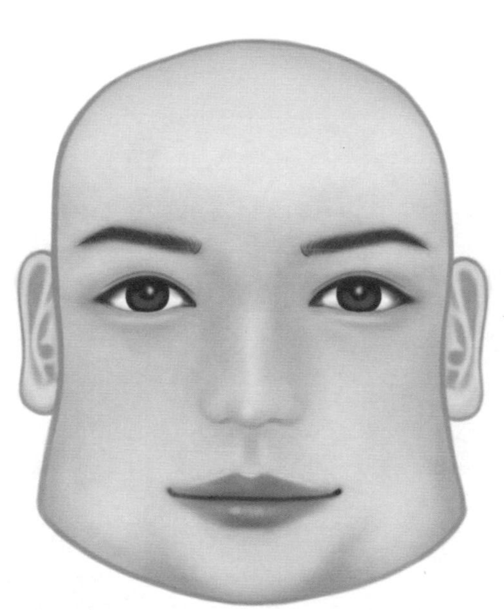

風字面

額頭和下顎都很寬廣，就是中宮部位狹窄，稱為風字面。情緒不穩又有惰性，到老孤獨之相。

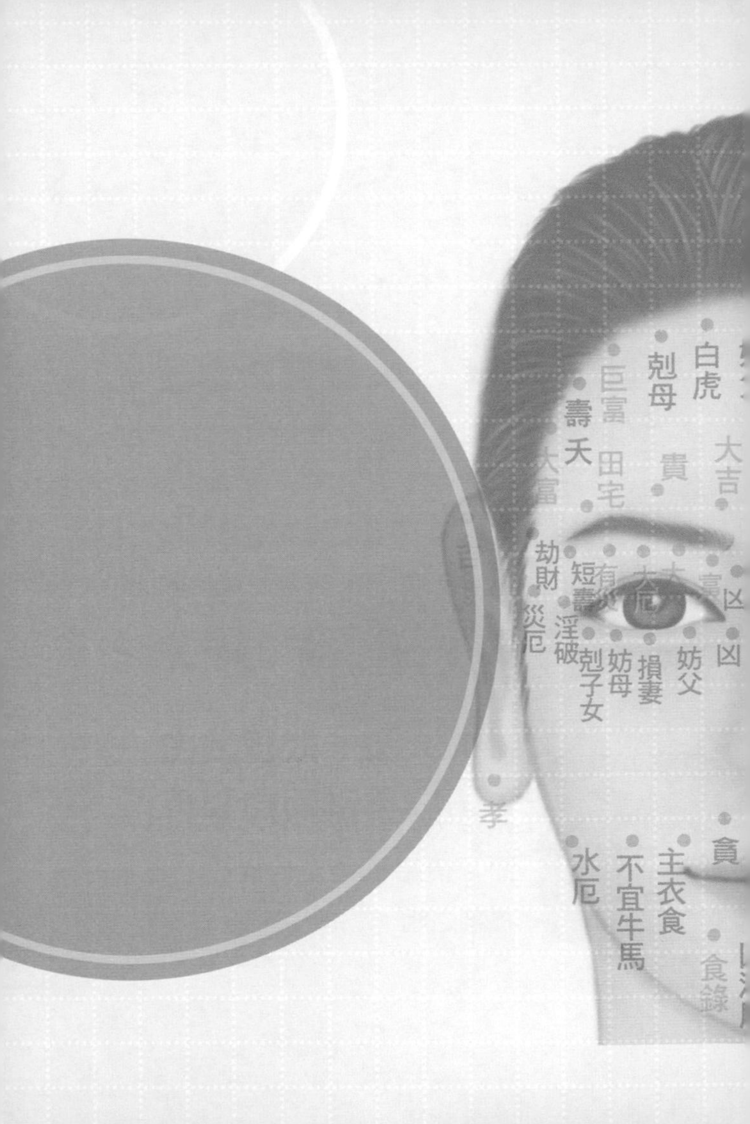
白虎
剋母
巨富
壽夭
大吉
貴
田宅
大富
劫財
短壽
災厄
淫破
剋子女
妨母
損妻
妨父
凶
凶
孝
水厄
不宜牛馬
主衣食
貪
食祿

第二章

五官之論相

所謂：一命、二運、三風水、四積德、五讀書。

●命是與生俱來，命裡有時終須有，命裡無時莫強求。

●運卻是可以做改變，我想不論多麼高明的醫師，也無法醫治完全沒有求生意志的病患；相對地多麼受人景仰而得道的高僧，也完全無法渡化毫無信仰之人。

●風水方面不論是陽宅或陰宅關乎至巨，以前常常聽說，命理師對著進門算命的每個人，排好命盤之後，都會說：真是好八字啊！您肯定是家財千萬貫了，當對方回答說不是啊！最近可慘囉！這回命理師定當搖嘆著說：可惜啊！可惜！一定是您家的風水或是祖墳出現了問題，這時若是照著命理師說法去做的話，那我想可不是目前的慘能形容了。

●積德除了手做好事之外，心想好願，口說好話都是同等的重要。有句俚語是這麼說的：早上唸經，晚上摸乳，做好事要發自內心，不求回報，相信一定會轉好運。書云：「榮辱生死有數，積善能改命運。」故平時多做善事積德，必能添福添壽矣！

●讀書，所謂書到用時方恨少。貧者因書而富，富者因書而貴。讀書、學習、求知識是學無止境的，正所謂外物之味，久則可厭；讀書之味，愈久愈深。

又云：「相不獨論、相由心生。」

一個好的面相必須要有很多條件，包括前面所述：命、運、風水、積德、讀書之外，最好能夠具備以下要件。

1. 天中高闊、天庭飽滿、司空豐隆、中正滿盈。
2. 印堂明廣、清亮如鏡，山根平順。
3. 驛馬寬滿豐闊，邊地高聳清澈，日月角氣色紅潤。
4. 年上、壽上正直平順，不偈促狹薄，準頭光潤豐隆。
5. 人中寬稜深長，上窄下寬、不偏不倚，唇紅齒白、嘴角微翹。

6 承漿微凹寬闊，地閣豐滿盈厚，從天中、印堂、準頭、地閣成一直線。

7 淚堂豐滿光潤，雙顴豐隆圓潤，骨肉勻稱。

8 法令從蘭台、廷尉發出。蘭台、廷尉左右對稱，豐滿有收，法令對齊。

9 左右、上下、大小、高低皆適當。

第1節 痣的形狀種類與相法

●痣形狀大或小，不規則形狀。

●顏色分為黑褐色、黃褐色以及其他。

●隆起或是平坦。

●痣色光澤或灰黯無光。

●有長毛與沒有長毛。

何謂「活痣」、「死痣」

●活痣（善痣）——痣大、黑色、色澤鮮明光潤、隆起、有長毛、凸出。

●死痣（惡痣）——痣小、顏色灰黯、毫無光澤、不規則狀。

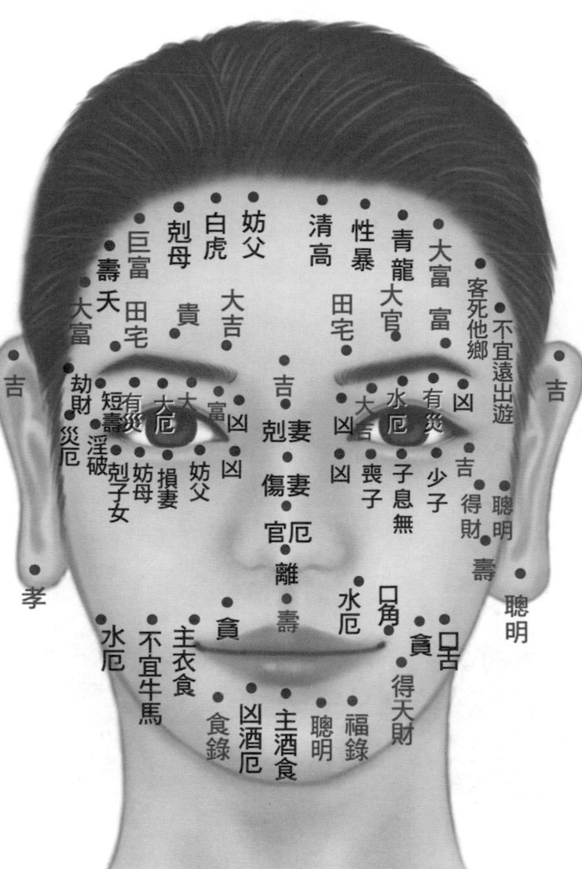

妨父
白虎
剋母
巨富
壽夭
大富
清高
性暴
青龍
大富
客死他鄉
不宜遠出遊
田宅
貴
大吉
田宅
大官
富
吉
劫財
短壽
有災
大厄
大
富
凶
吉
剋妻
凶
大吉
水厄
有災
凶
吉
災厄
淫破
剋子女
妨母
損妻
妨父
凶
傷妻
凶
喪子
子息無
少子
吉
得財
聰明
官厄
壽
離
孝
聰明
水厄
不宜牛馬
主衣食
貪
壽
水厄
口角
貪
口舌
得天財
食錄
凶酒厄
主酒食
聰明
福錄

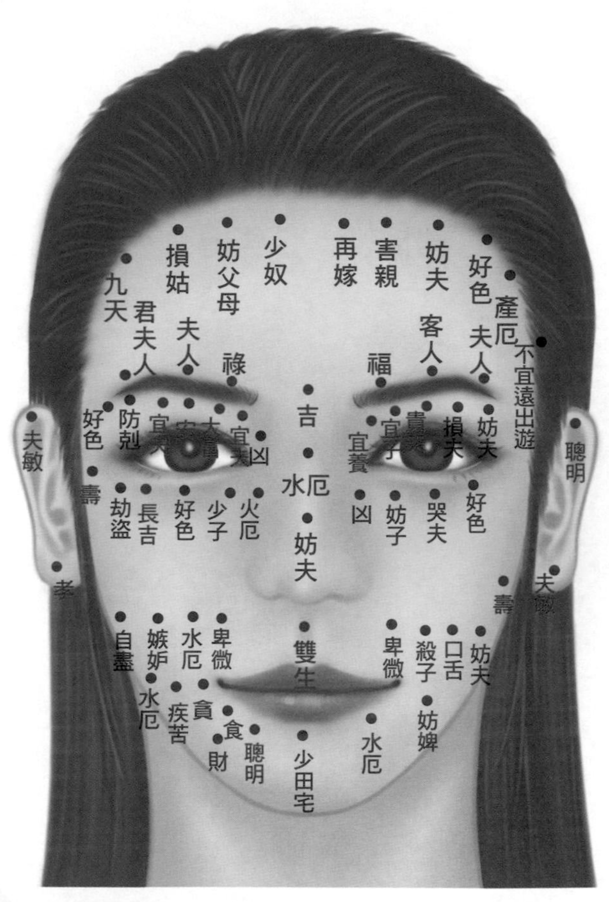

九天
損姑
妨父母
少奴
再嫁
害親
妨夫
好色
產厄
不宜遠出遊
君夫人
夫人
祿
福
客人
夫人
夫敏
好色
防剋
宜夫
吉
宜養
損夫
妨夫
聰明
凶
水厄
壽
劫盜
長吉
好色
少子
火厄
凶
妨子
哭夫
好色
妨夫
孝
壽
夫敏
自盡
嫉妒
水厄
卑微
雙生
卑微
殺子
口舌
妨夫
水厄
疾苦
貪
食
財
聰明
少田宅
水厄
妨婢

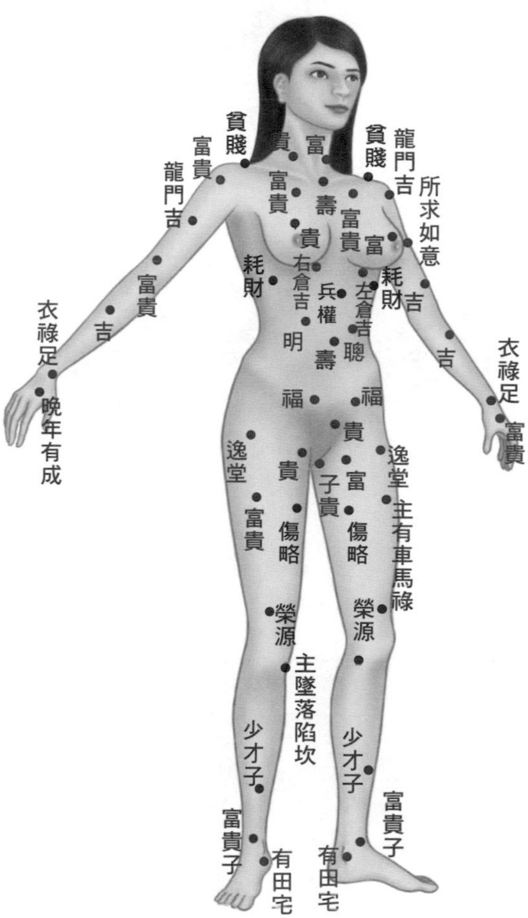

貧賤
貴
富
貧賤
富貴
龍門吉
龍門吉
所求如意
富貴
壽
富貴
貴
富
耗財
右倉吉
兵權
左倉吉
耗財
吉
富貴
吉
衣祿足
明
壽
聰
吉
衣祿足
晚年有成
福
福
貴
富貴
逸堂
貴
子貴
富
逸堂
富貴
傷略
傷略
主有車馬祿
榮源
榮源
主墜落陷坎
少才子
少才子
富貴子
富貴子
有田宅
有田宅

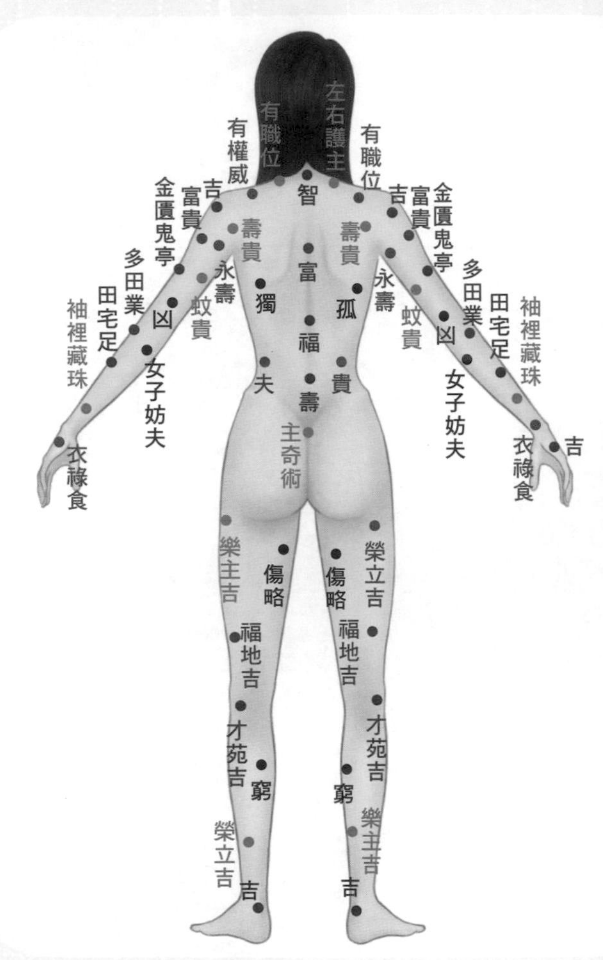

有權威
有職位
左右護主
有職位
智
吉
富貴
金匱鬼亭
壽貴
永壽
蚊貴
多田業
田宅足
凶
袖裡藏珠
女子妨夫
衣祿食
富
獨
孤
福
夫
貴
壽
主奇術
吉
富貴
金匱鬼亭
壽貴
永壽
蚊貴
多田業
凶
田宅足
袖裡藏珠
女子妨夫
衣祿食
吉
樂主吉
傷略
傷略
榮立吉
福地吉
福地吉
才苑吉
窮
窮
才苑吉
榮立吉
樂主吉
吉
吉

活痣（善痣）論

●天中、天庭、司空、中正有痣主吉星高照，長輩緣佳。

●日月角有痣主貴，但容易刑剋父母，男左（父親）女右（父親）。

●印堂有痣，可謂雙龍搶珠，主有慈善心，意志堅定，駿業吉利。

●輔角此處不宜有痣，男女皆主淫，個性煩躁不安。

●驛馬位若是雙邊皆有痣，主夫妻恩愛，庭內和樂。若僅一邊有痣，主刑剋六親，親情疏離。

●眉頭有痣朋友裨助，眉內有痣聰明富貴，眉尾有痣事成業就。

●耳內有痣福壽雙全，耳輪有痣聰明志高，耳珠有痣清貴得榮。

●田宅有痣其性樂觀，才智兼備，善解眾意，獲貴攜助。

●山根有痣古書曰：「雙鳳朝陽痣」，眼睛如美麗的鳳凰，一生婚姻多變。

●年壽有痣平步青雲，宏業有成，六親有助，但在婚姻方面慎防多變。

●鼻樑兩側有痣，主財運亨通，富貴中人。

●準頭有痣富貴榮華，才德出眾。

●鼻翼有痣衣祿無缺，田財可豐。

●淚堂有痣子女才德出眾，晚年有成，但容易為子女操煩。

●顴骨若是雙邊皆有痣，主掌握大權，萬事如意。若僅一邊有痣，主婚姻有變異，登山必危，夫妻相差七、八歲以上為宜。

●右頰有痣異性緣佳，左頰有痣貴人多。

●人中有痣分為上、中、下，在上方主多子，在下方主多女，在中間主子息難養。

●仙庫、食祿有痣貴人襄助，一生口福。

●法令有痣安份守己，家庭隆昌，聲譽遠傳，田產廣置。

●嘴唇有痣，在上有口福，在下有文章，在嘴邊聲音優美，但往往禍從口出，所以言必慎之。

●承漿（又稱酒海）有痣好飲酒，早年不

定，晚歲得福，家居華麗，福壽綿延。

●地閣有痣老闆命，部屬裨助，居家堂皇。

死痣（惡痣）論

●天中、天庭、司空、中正有痣主長輩無助，幼時艱辛，缺乏意志，時運不濟。

●日月角有痣容易刑剋父母，男左（父親）女右（父親）。

●印堂有痣險難疊生，心性不定，有志難伸，成敗無常。

●輔角此處不宜有痣，男女皆主淫，個性煩躁不安。

●驛馬位有痣，主刑剋六親，親情疏離。

●眉頭有痣朋友拖累，眉內有痣兄弟不睦，眉尾有痣婚姻多變。

●耳內有痣均是不錯的現象，只是個性執拗，固執倔強。

●田宅有痣前程晦暗，徒勞無功，人際不佳，浪費成性。

●山根有痣一生多病，婚姻不順，胃腸不適，疾病纏身。

●年壽有痣胃腸不適，疾病纏身，婚姻不順，災厄困窘。

●鼻樑兩側有痣，主財運不濟，難成業就。

●準頭有痣，男屬貪淫，女為夫勞，財運不濟，挫敗乏樂。

●鼻翼有痣生活不定，容易受累，若從事投機，必定大破敗。

●淚堂有痣刑剋子女，婦人有疾。

●顴骨有痣，主權勢旁落，命運多舛。

●右頰有痣爛桃花多，左頰有痣小人多。

●人中有痣，主孤、夭，家運不濟，下方或中間偏右主女性不貞。

●仙庫、食祿有痣朋友無助，外強中乾。

●法令有痣中晚運不佳，部屬不力，事業挫敗，腳易受傷。

●嘴唇有痣，不善交際，沒有食祿。

●承漿（又稱酒海）有痣，慎防水厄，胃腸不適。

●地閣有痣，主無田產。

第2節 額頭的相法

額頭主宰十五～三十歲之大運，它更是影響一生行運好壞的關鍵部位。它代表生活環境、年輕時期、心思想法、聰明智慧、父母長輩等。

額頭包括有官祿宮、遷移宮、兄弟宮、父母宮、福德宮，氣色紅黃紫潤，寬闊平滿，無惡痣凹陷破損，額寬三指高以上，主少年得志，有祖蔭，聰明黠慧，地位崇高，少年及中年時期人緣必佳。

額頭類型解析

高廣方角

此人具有聰明智慧，才能優異，心思縝密之特性，但是要避免過於自信而流於自大，讓人有種難以相處的感覺。適合學術研究、策劃、設計、技術之工作。

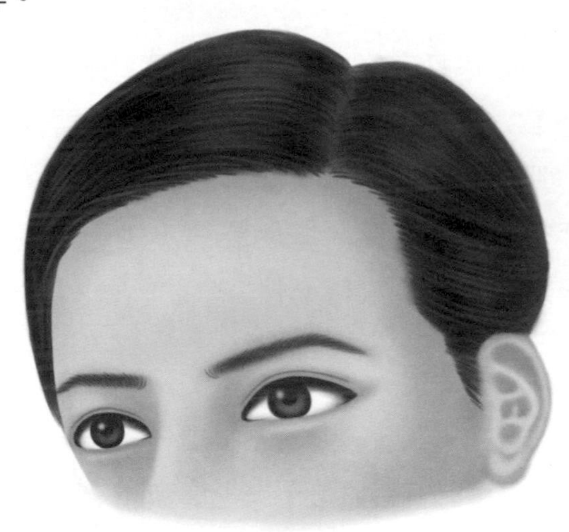

額頭狹窄（左右）

屬於少年辛苦，大器晚成型，但是意志堅定，見解獨特，只是財運並不好。所以髮際盡量不要蓋住額頭，若此則自卑，無主見，情緒反覆，情感不定。

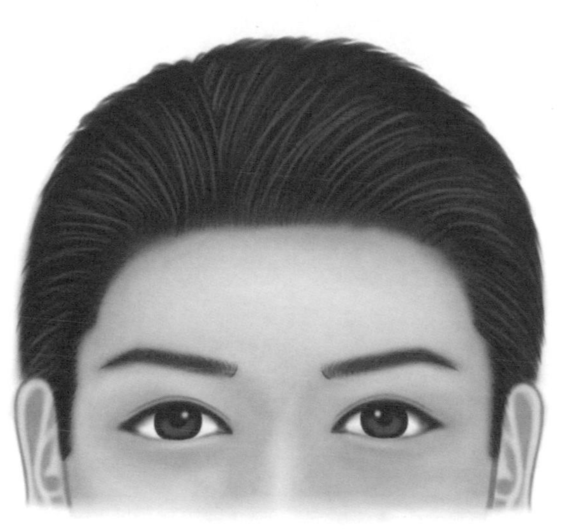

M形額頭

具有觀察入微、創造、獨立、克勤之個性。對長上叛逆，但對下屬卻很照顧，適合從事研究、企劃之工作。但若是女子有此額相，除非本身有宗教上的修行，否則婚姻大都不美滿。

額面狹窄（上下）

此人具有獨到觀察事物之能力，反應靈敏，記憶超強，若髮際又蓋住額頭，則容易自卑，缺乏主見，情緒反覆，情感不定。

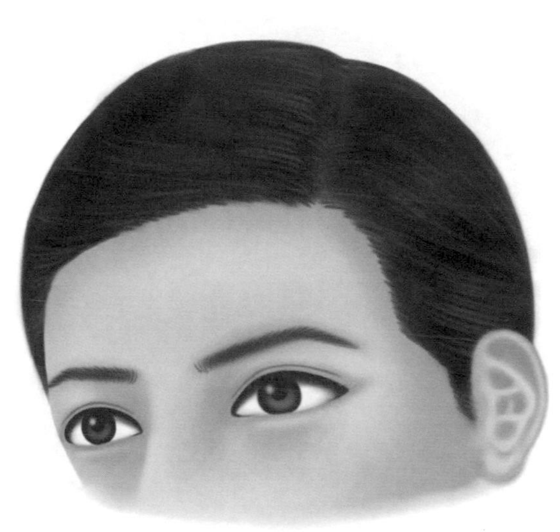

髮際形狀頭髮雜亂不整，個性逞強，道德觀念差，奔波勞苦，無才乏智，乃為刑剋父母之相。

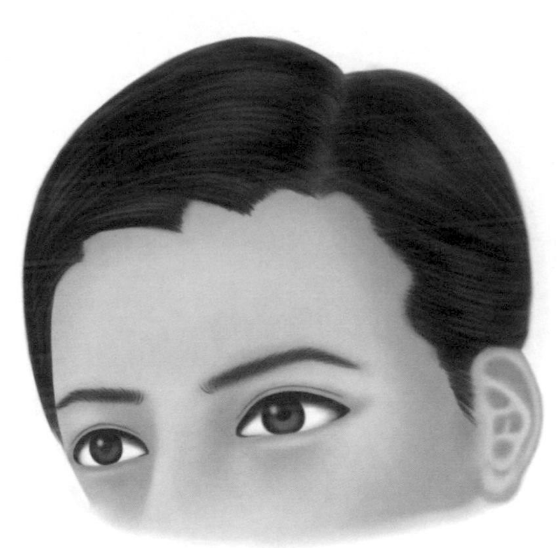

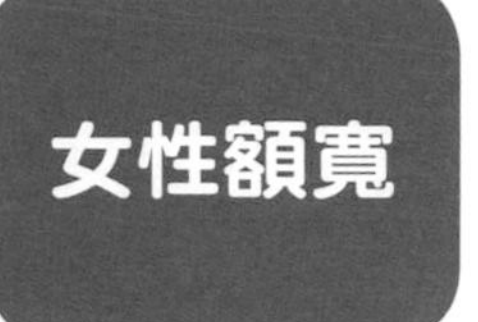

額頭過寬的女性，一般婚姻狀況都不理想，所以盡量不要太早婚，以現今社會觀點來看，三十三、三十四歲過後才合適。

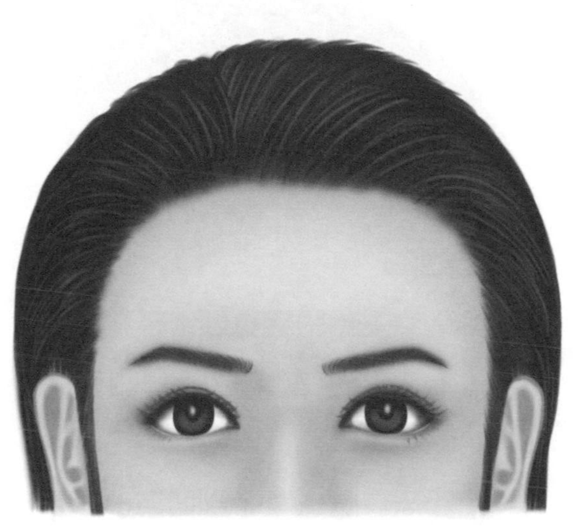

前額凸出

具有智慧、才華、人緣佳之特性。若是女性，則須注意生產方面之問題。

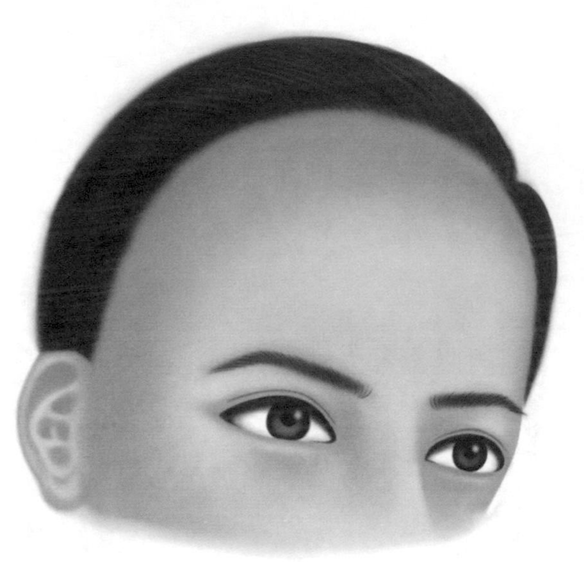

額頭後傾

具有感覺敏銳，行動敏捷，但做事很容易衝動，所以常常會得罪人而不自知。

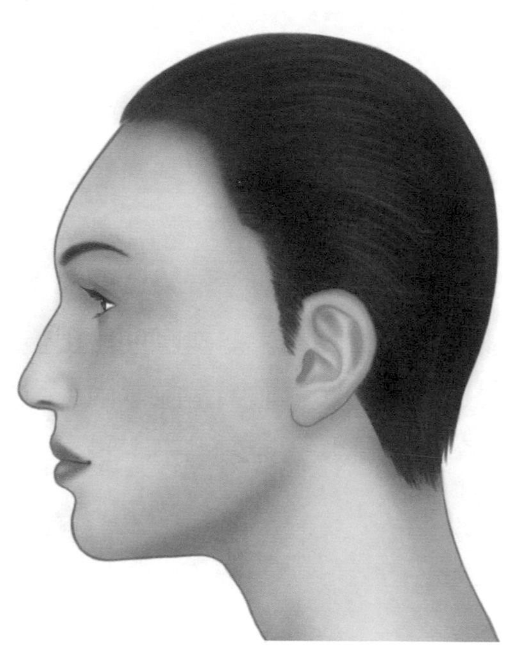

額角深廣

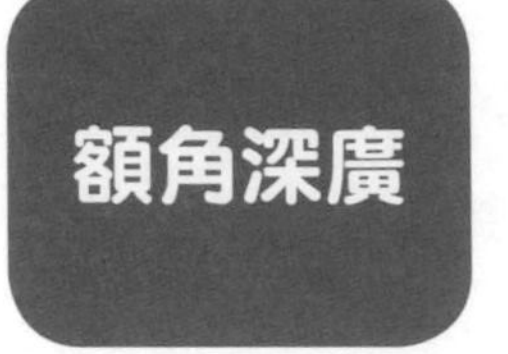

具有精明能幹，人生經歷豐富，聰慧俊秀，善解眾意之特性，適合從事政治家、工程師等深謀遠慮且積極奮發之工作。

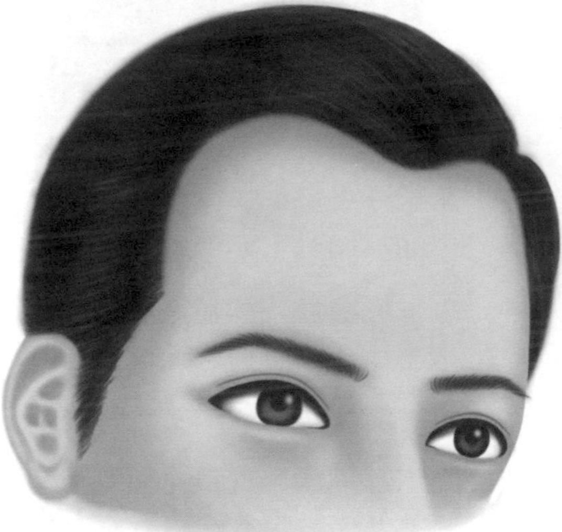

美人尖額

適合女性之面相，秀外慧中，家庭溫馨，賢妻良母之相。若是男性則缺乏魄力，扭捏不定，過於女性化之關係，所以一般都會娶「某大姐」為多。

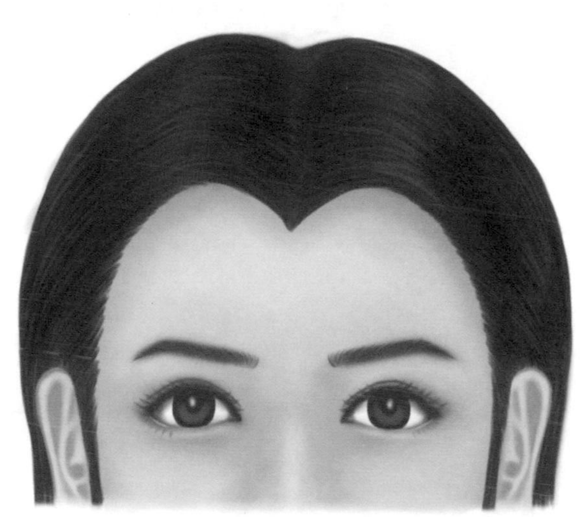

額頭紋型解析

1 額頭紋與姓名三才相同，分為天、人、地。天紋主長輩、上司，人文主掌人際平輩，地紋主掌部屬、子女。若無天紋，長輩、上司無助；無人紋，則兄弟、朋友無助，夫妻關係也不好；無地紋，難得到部屬、子女的幫助。

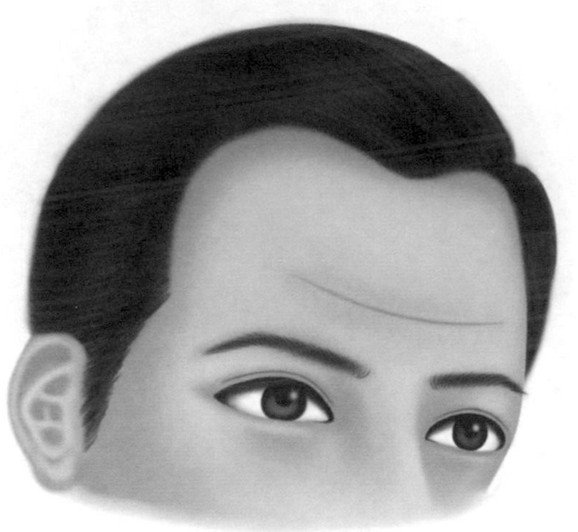

2 三條紋很明顯，而且沒有中斷，平行趨於直線，是謂天、人、地全，易得長輩、平輩、晚輩、下屬之幫助，只要努力不懈，必定有莫大的成就。

3 三條紋很明顯，而且沒有中斷，但是呈現小反弓印堂，也是天、人、地全，與三條平行線同論，皆為好的面相，一生多貴人，逢凶化吉之相。

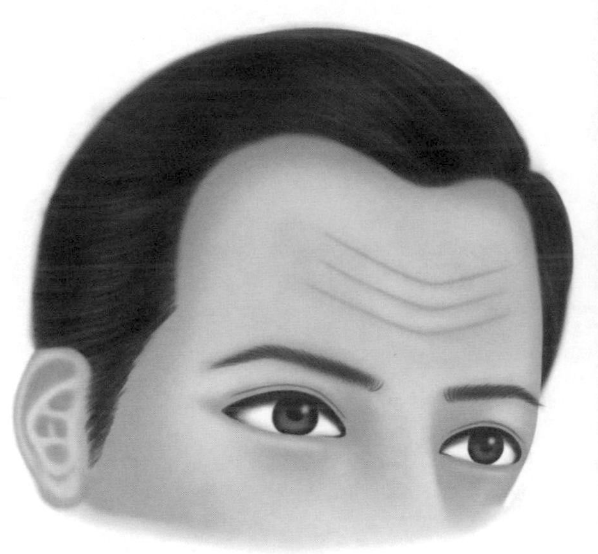

4 三條紋很明顯，但是如蚯蚓般上下波動，而且不連貫，如此天、人、地皆斷，正所謂「貴人找不到，小人身邊繞」，一生奔波勞苦。

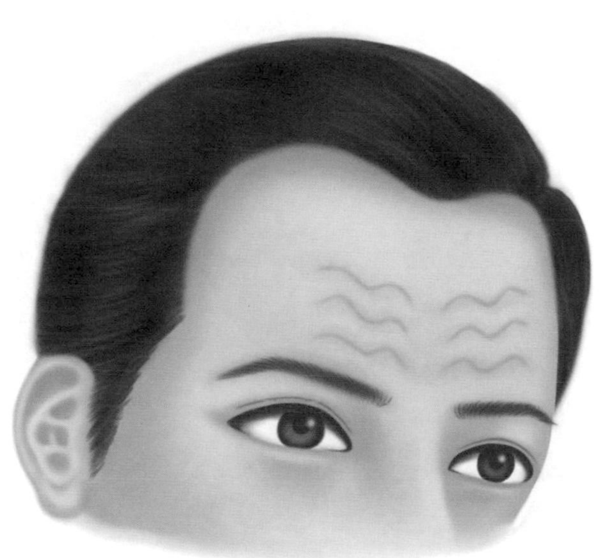

5 三條紋很明顯，如蚯蚓般上下波動，但是有連貫，則表示早年辛苦，到了晚年才會有好運勢。

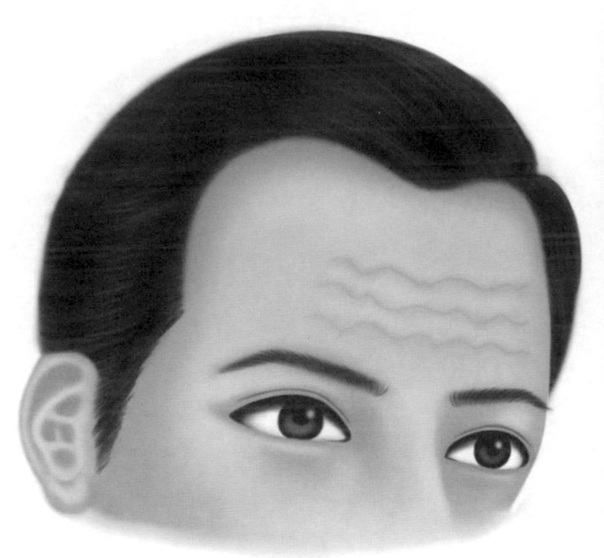

6 三條紋很明顯，而且沒有中斷，如蚯蚓般上下波動，但是呈現反弓印堂狀，有云：「暗時專頭路，天光無半步」，想法很多，就是不會付諸實行，因此機會常常稍縱即逝。

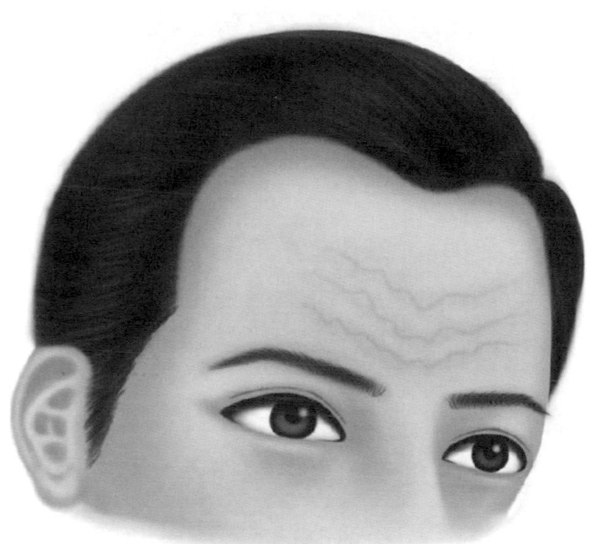

●額頭狹窄本屬不佳之面相，財運弱，無主見等特性，但若是顴鼻相稱，眉清目秀，而且地閣豐隆，氣色紅黃紫潤，雖然幼時辛苦，但到了中晚年還是會有好運勢。

●女人額高、顴高、鼻高（謂之三高），且無肉，又有桃花眼，這與八字四柱為官（非從格），三嫁未能方休，是同樣的道理。

●耳朵與額頭印堂都是三十歲之前的運，若相理不佳，皆主早年辛苦。父母運勢也會比較差，而且親緣薄弱。

●額頭至眉毛高度以三指寬為原則，上下或左右太窄，皆主智能差，衝勁不足。

●所謂「相不獨論」，若只有額頭相理

佳，其他眼、鼻、耳、口皆差者，也主挫敗之相。

●額頭相理不佳，可以用髮型去做遮飾。相反的額頭相理方廣豐厚，則必須讓額頭顯露，而且髮際要整齊，切忌雜亂無章，否則亦為破相。

●額頭主三十歲之前的運，男人若此時已經禿頭，主庸碌無成。

第3節 印堂的相法

印堂在雙眉之間，山根之上，主掌災厄、疾病、壽元、朋友等。以豐滿潤澤，明亮如鏡最好，忌傾陷低塌，眉頭緊迫。

印堂紋類型解析

1 紋路如下是謂「懸針紋」，屬個性偏激，神經衰弱型，但是很有衝勁，卻固執己見，終至失敗，就算一時成功，也難以持久，守成為要才是。

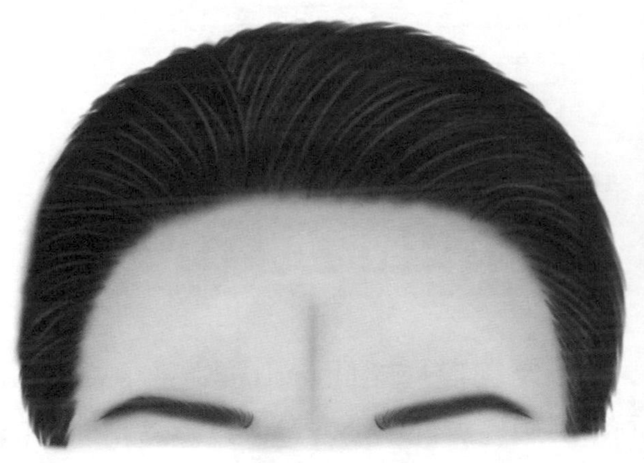

2 紋路有如八字紋，主勞碌無功，且易伴隨印堂狹窄，給人愁眉不展、心胸狹隘的感覺，人際關係自然會有阻礙。事業財運均不佳，而女命常懷嫉妒心，奔波勞苦，婚姻難美。

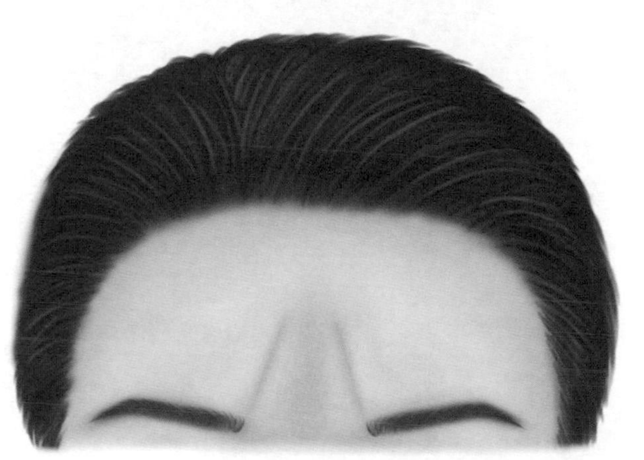

3 紋路有川字稱之，主勞碌憂苦，為朋友挺義氣而傷到自己，剋妻之相，婚姻多變。

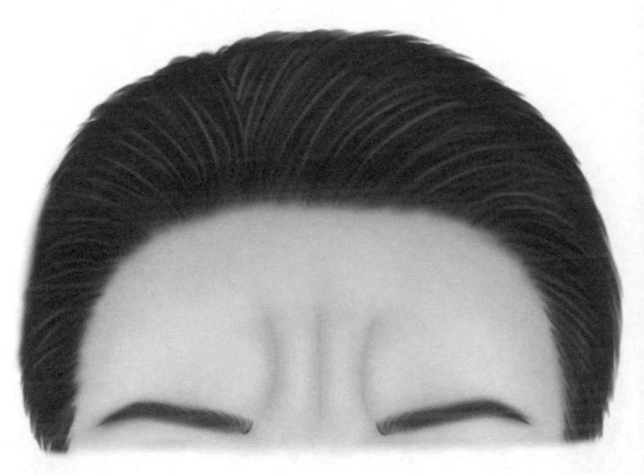

4 印堂紋路雜亂，主對事物從來不會未雨綢繆，自我陶醉，一生平庸，一事無成。

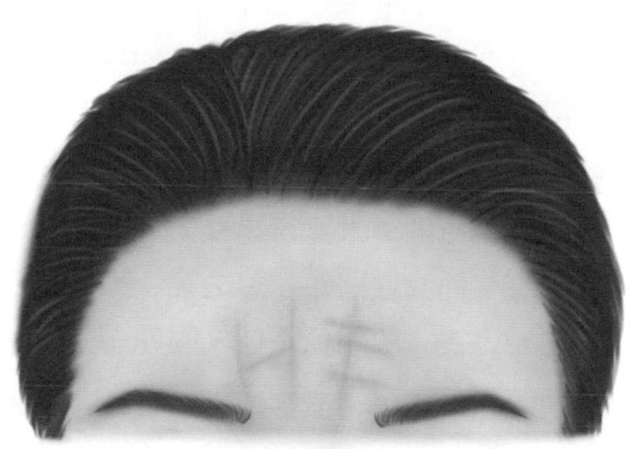

●印堂紅黃紫潤，主考試如願，事業隆昌，喜事連連，諸事如意。

●印堂色青，主壓力災厄，官非訴訟，經商有難。

●印堂亂紋、凹陷（稍凸最好）、痕疤等，不管是經商或就業，皆主運勢不順。

●印堂位於兩眉之間，距離以一指半寬～兩指為原則。太寬容易受人牽累，缺乏主見，而女性則屬淫蕩之輩；太窄或多雜毛，主人際關係不佳，固執倔強。

●印堂相理不佳，還是晚婚為宜，否則婚姻難以持久或美滿。

●額頭與印堂皆能兼看陰陽宅地理，氣色好，風水地理必佳，反之則差矣！

第4節 眉毛的相法

眉毛為五官之保壽官，十二宮相法為兄弟宮、福德宮。男性左眉，主公事、父親、兄弟；右眉主私事、母親、姊妹，女性反之。眉的流年31、32左右眉頭，眉清目秀無雜亂斷眉，則諸事如意，家道隆昌；33、34左右眉尾，清秀美麗，鼻隆地閣又方厚，則福德俱佳，宏業亨達，門庭昌盛，名利雙收。

眉毛各部位介紹

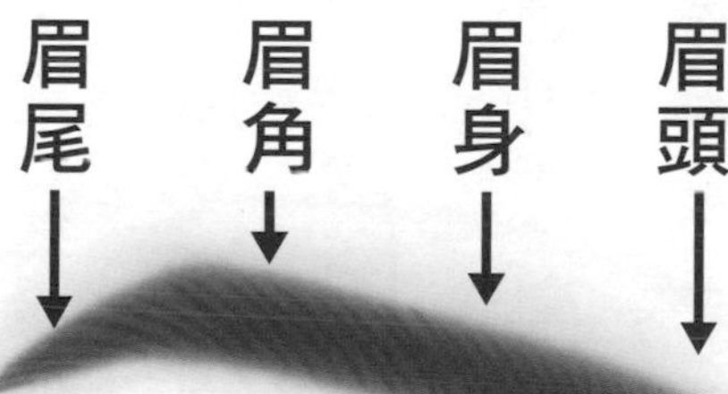

眉毛運勢

眉毛運勢均分成五等份，若有惡痣、斷眉、惡疤、雜亂，皆主當時運勢多舛。

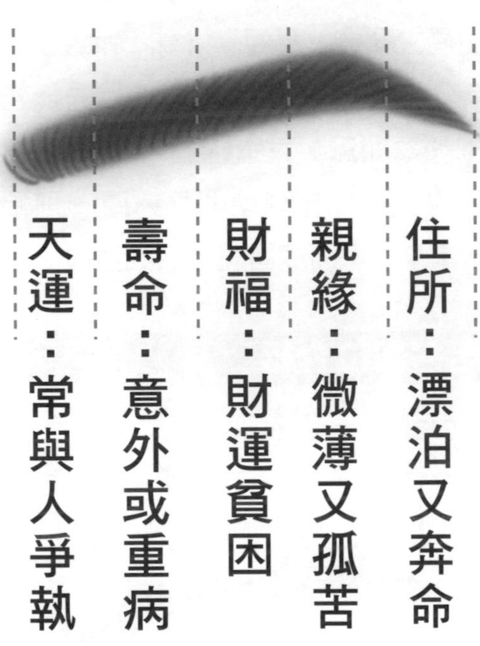

眉毛類型解析

新月眉

眉似月初之月亮，細彎長居額過目，眉高但是不壓眼。具此眉除門庭和順，心地也非常善良，一生運勢佳，夫婿非富即貴之命。

龍　眉

眉頭圓，眉身彎彎向上，眉尾有聚過目，色黑潤澤。具此眉富貴雙全，出類拔萃，聰明能幹，天賦異稟。

劍　眉

眉毛長又濃，尾部向上翹起，但不若豎心眉如此上翹。具此眉積極必具權威且聲名遠播。

臥蠶眉

形似臥蠶，眉頭圓而低彎，眉尾上揚有聚，色黑有光彩。具此眉者能富且貴，聰明俊達，學識豐富，文武兼備。

清秀眉

眉印清秀，彎長過目，眉毛濃稀適中。具此眉者聰明穎慧，官宦有成，發達頗早。

虎　眉

眉頭窄而眉尾很寬，但是眉尾有聚有勢，虎虎生風。具此眉者膽識過人，權貴明現，福壽綿延。

一字眉

眉頭眉尾齊平，但眉毛清秀。具此眉者婚姻和諧，允文允武，只是個性倔強，難以溝通。

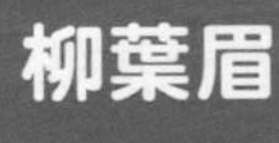

柳葉眉

眉身彎長，清秀不凡，色黑而濃。具此眉者為人忠耿，仁心善解，穎悟黠慧，富貴雙全。

柳條眉

為柳葉眉之別種，前者眉身寬眉毛粗，後者眉身窄眉毛細。此眉又名「春心眉」，聰明伶俐，但是風流色淫。

羅漢眉

眉身寬短，眉尾下垂，毛長且粗。具此眉者貪淫無度，六親、兄弟刑剋，終生荒唐。

掃帚眉

眉形散亂，形大又濃，但一定是前濃尾疏。具此眉者刑剋兄弟，衣祿不足，徒勞無功，終年必敗。

八字眉

眉尾特別明顯有分岔。具此眉者熱心助人，但難以溝通，膽識過人，勞碌奔波，刑妻剋子，而子息終須螟蛉（讓人當養子）。

婆娑眉

眉毛根根向下，眉尾左右傾斜下垂，似芒草在風中胡亂飛舞婆娑稱之。具此眉者性喜酒色，心存投機，品格卑下，遊手好閒。

尖刀眉

眉毛粗，眉頭尖眉尾散亂。具此眉者心性狠毒、奸詐、陰險，笑裡藏刀，多敗少成。

弔喪眉

眉頭在上，眉尾下擺，眉毛散亂，大都長不過眼尾。具此眉者縱能小有富貴，其生性貪淫好色，難以誠心待人。

獅子眉

眉粗寬大而彎曲，混濁中見清秀，如獅俯伏似之。具此眉者富貴雙全，狀似兇惡，其人和善，宅心仁厚，謙沖為懷，文武兼備之才。

鬼　眉

眉粗短壓眼，短不到眼尾，眉尾上翹而散亂。具此眉者欠缺耐心，工作多變，心性不善，淫盜之人。

螺旋眉

眉尾上翹且粗，如螺旋狀捲起。具此眉者與六親無緣，性剛火烈，氣量狹窄，適合武職人員。

●眉毛高低不齊或是兩眉粗淺不一，主兄弟乃同父異母。

●兩眉間距寬亮，待人隨和，好好先生，個性溫順，實屬長壽之徵。但必須注重理財，未雨綢繆，切勿寅吃卯糧，不知節制。

●眉毛長過眼睛，濃眉之眼而又眉形清秀，兄弟和睦，朋友有助。

●眉毛短過眼睛，六親無緣，婚姻多變，內心孤獨或兄弟少且無助。若是短眉不斷而濃粗，則於低潮過後，就會否極泰來。

●濃眉又粗者，具有領導能力，適合軍警、主官管、政經、公教。

●眉稀者，善於辭令，見風轉舵，但與雙親無緣，婚運也差。

●眉毛中斷、惡痣、疤痕，皆主兄弟有難或疾，要不然就是兄弟緣薄不和。

●無眉毛者，主老來孤獨。

●眉毛纖細者，男性做事無擔當，意志不堅；女性易受感情之累。

●眉毛清秀過目，印堂、山根、顴骨、年壽、準頭相理皆佳，主兄弟姊妹、朋友多助。

●眉身寬大膽識超群，眉身細小膽小如鼠。

●眉毛與耳齊高為吉。

●眉毛壓眼、眉間狹窄、眉頭深鎖，主性

情奇異，六親無緣，暴戾凶惡，心直口快。

●相書有云：「二十生毫，三十死；三十生毫，四十春；四十生毫，壽命長。」

●柳莊相法亦云：「二十長，三十夭；三十長，四十亡；四十長，五十敗；五十長，老吉昌。」

第5節 眼睛的相法

眼睛為五官之監察官，十二宮相法為田宅宮、夫妻宮、子女宮，自35～40看眼運。眼睛乃為靈魂之窗，正所謂「問貴在眼」，是故從眼睛可分辨出一個人的智慧、善惡、好壞及運勢。

眼睛各部位名稱

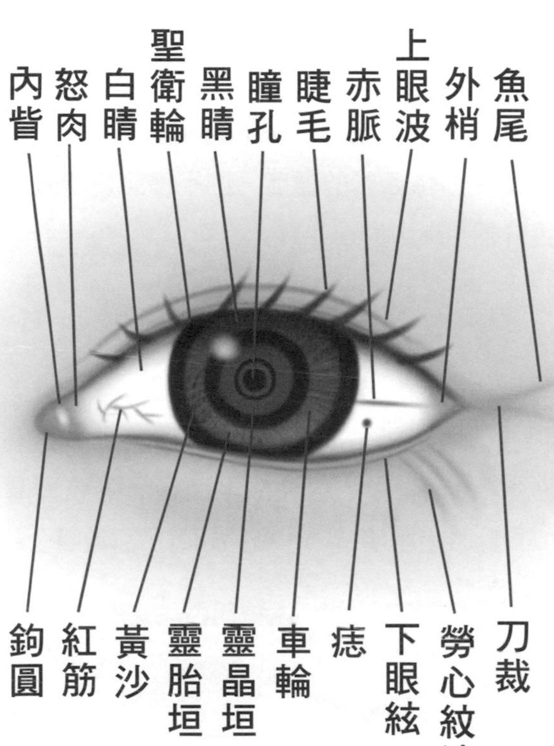

眼睛的相法

眼睛類型解析

鳳　眼

黑睛如漆，黑白分明，身強體壯，意志堅定，眼神藏而不露。具此眼者奮勇向上，不屈不饒，若能時常保持謙沖為懷、虛懷若谷的態度，則不僅氣質非凡，並且貴介器重。

龍　眼

黑白分明，神采奕奕，眼光銳利光彩，眼波成單而長，下弦豐厚有欄。具此眼者聰明智巧，智慧超群，富貴雙全。

丹鳳眼 眼形細長達天倉，單眼皮或內雙，黑睛藏於內，但是眼神逼人。具此眼者忠義兩全，貴不可言。

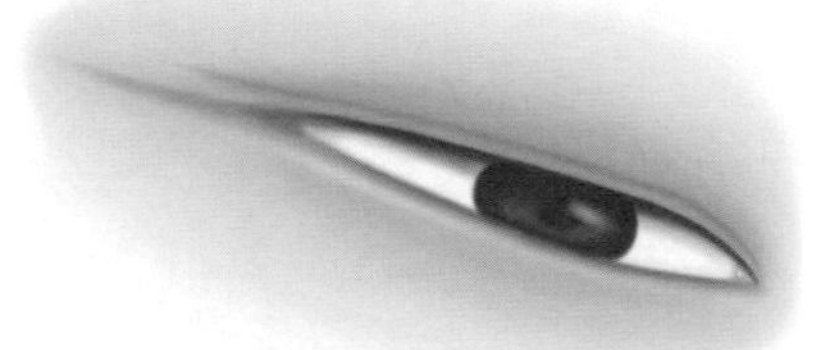

伏羲眼 眼大長圓，黑睛大且黑亮如漆，單眼皮或內雙。具此眼者仁慈寬厚，聰明黠慧，領導奇才。體壯者更適合此眼，若身材嬌小，則生性柔順，缺乏魄力，難成大業。

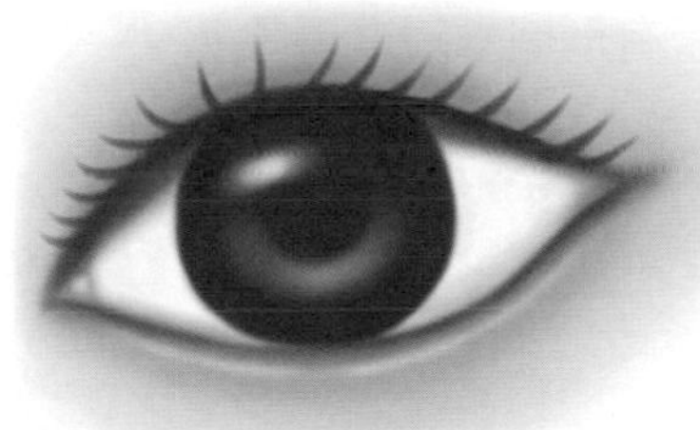

獅　眼

眼大眉粗露威，黑白分明，上下眼有雙波。具此眼者外表剛毅，內心溫和，宅心仁厚，富貴雙全，喜配虎眉。

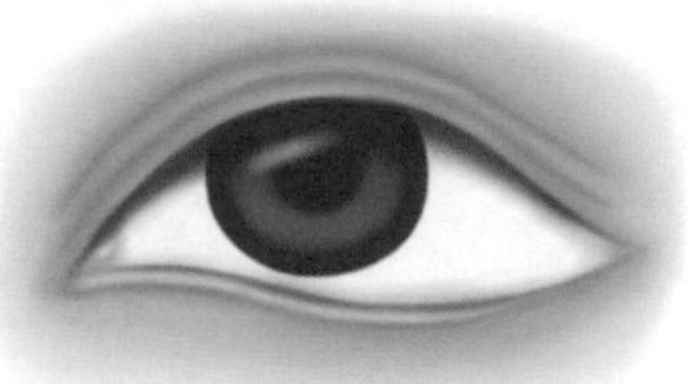

虎　眼

眼大單眼皮，黑睛呈金黃色，神韻足而具威，魚尾紋多且往上，若其人額角崢嶸，必是武職官貴。具此眼者剛毅果斷，勇敢無畏，富貴榮華之命。但是女性並不適合此眼，會有刑剋六親之現象。

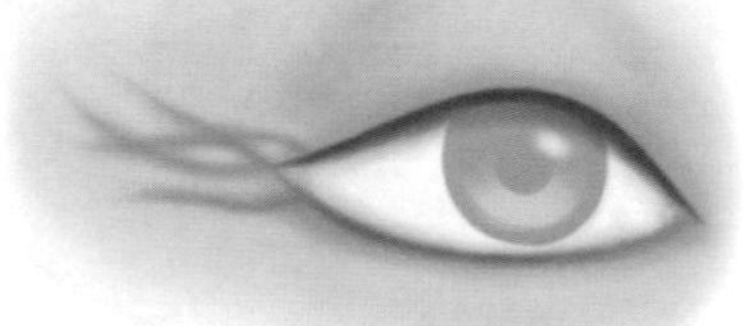

鹿　眼　黑睛清澈見底，雙眼皮且長，神韻足而不露。具此眼者性情急躁，剛猛難定，但是情義兩全，終可富貴。

猴　眼　眼圓黑睛上仰，上眼高聳，眨眼迅速頻繁。具此眼者城府頗深，疑心多詐，但是肖猴者卻很適合，主大貴。

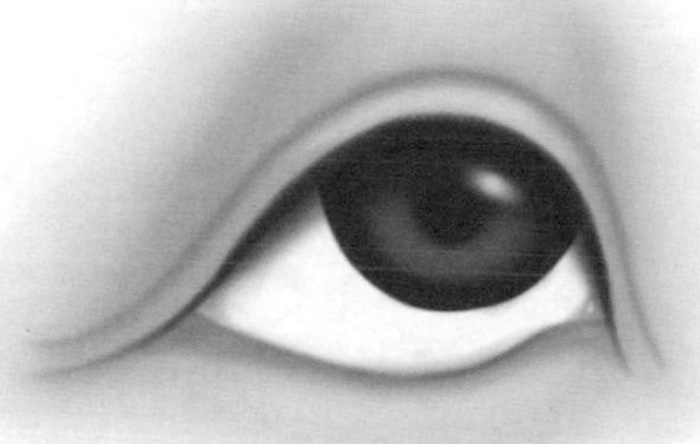

熊　眼

眼睛長圓，雙眼皮，眼形與豬眼相似。具此眼者好強逞勇，固執頑劣，品格庸俗，犯罪心強。

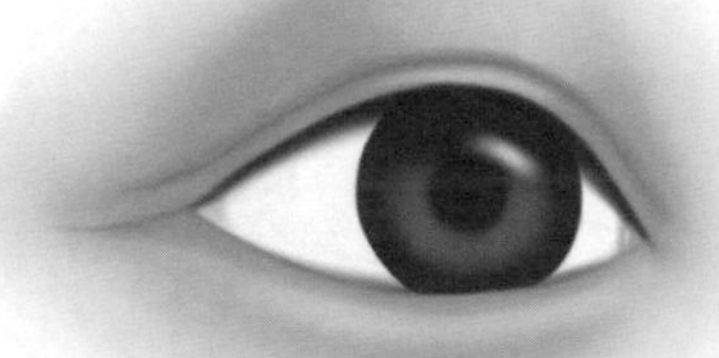

牛　眼

眼大睛圓，眼波內雙，上下波長而魚尾向上，黑白分明。具此眼者必是福壽綿延，可富不問貴，駿業可成，事成業就。

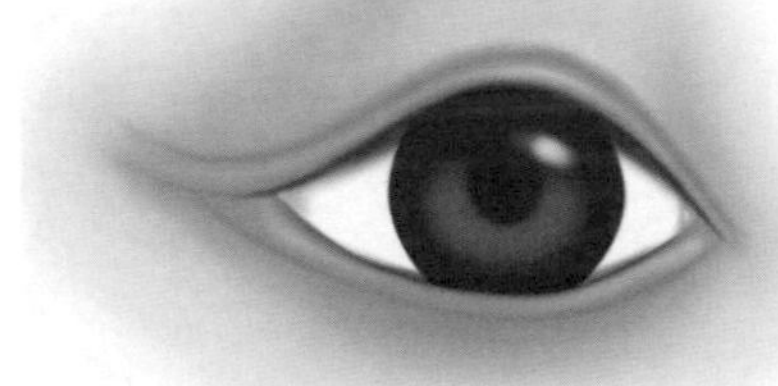

象　眼

上下眼波多層次，眼形細長，暈神無力。具此眼者主其人性情溫順，行事遲緩，有壽但事業一般。

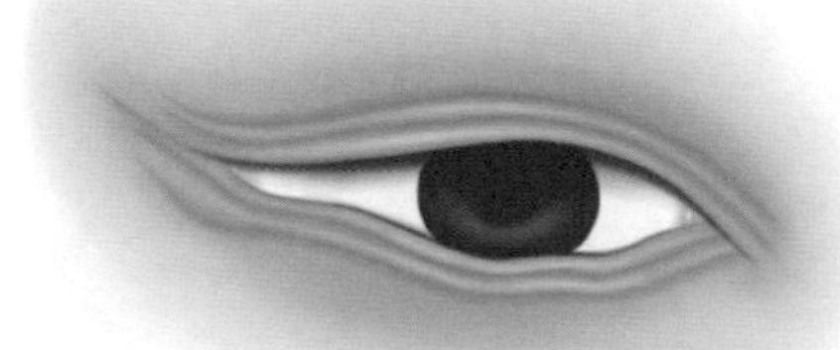

馬　眼

眼皮寬鬆，下波層層相疊，眼小微露，終日眼眶如淚濕狀，魚尾紋雜亂而往下垂。具此眼者一生奔波勞碌，六親緣薄，刑伴剋子。

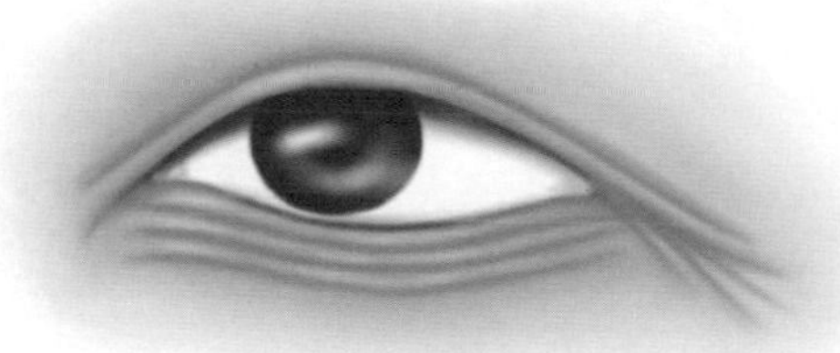

豬　眼　眼出紅筋，眼波鈍厚，黑白睛矇朧不清。具此眼者愚昧乏智，品格鄙劣，坐吃山空，潦倒一生。

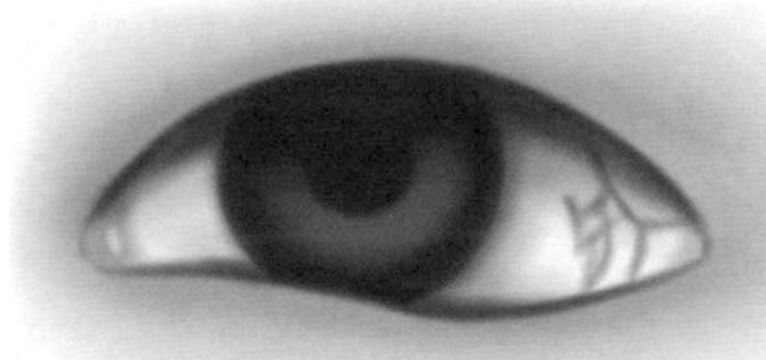

狼　眼　有如下三白眼，小眼、黑睛少白睛多。具此眼者刑剋奔波，損人利己，心胸狹窄，貪財好色，難得善終。

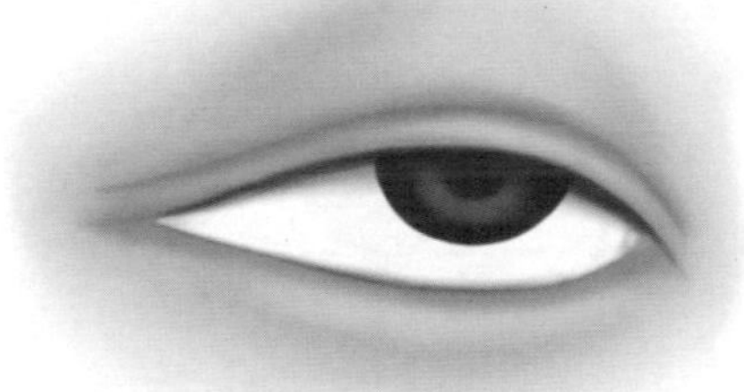

羊　眼

眼眶短小，黑睛帶黃，魚尾紋多且雜亂。具此眼者耗損祖業，招凶造禍，徒勞奔波，自大狂狷。

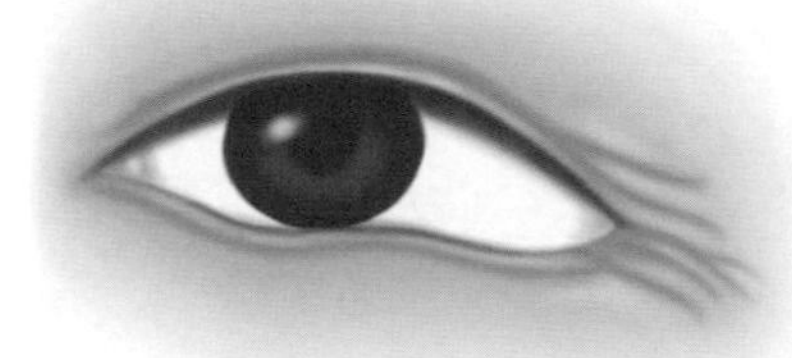

桃花眼

眼波成雙，下弦豐滿微弓，未語先笑，故稱笑眼。具此眼者聰明伶俐，善解眾意，為稍嫌屬於淫色之輩。

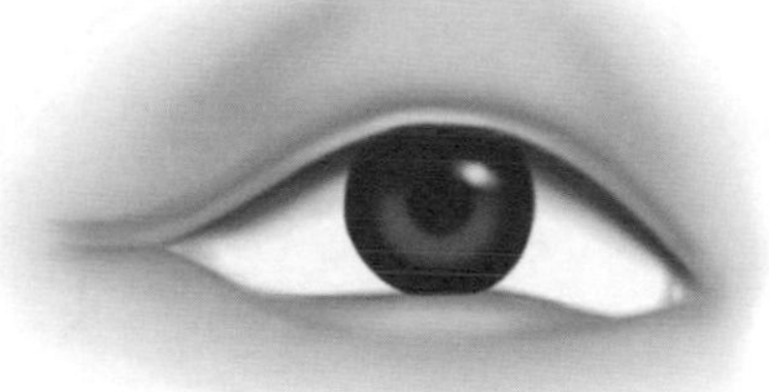

蛇　眼

黑睛小而色黃，黑睛中有紅砂，白睛則佈滿紅絲。具此眼者心狠手辣，好暴好鬥，刑剋骨肉，不得善終。

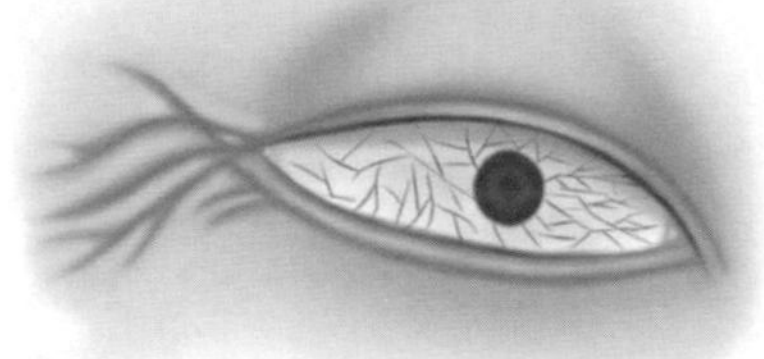

火輪眼

眼大無神，黑睛周邊佈滿紅絲如火輪般。具此眼者性情暴躁，心性狠毒，常常以下犯上，招惹長輩，浪蕩此生。

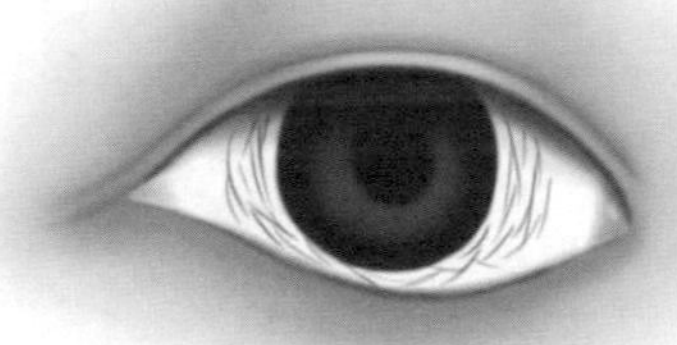

醉眼

黑睛小而色黃，暈神無力，白睛佈滿紅絲且黃濁，常常如喝酒般。具此眼者貪杯好酒，淫亂無制，煩心勞神，枉費此生。

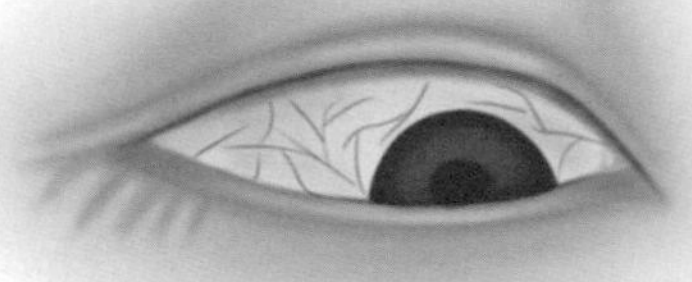

鶴眼

上雙波、下單波，眼大有神，瞳正而明。具此眼者器量宏寬，性情溫和，品格高尚，善緣終生。

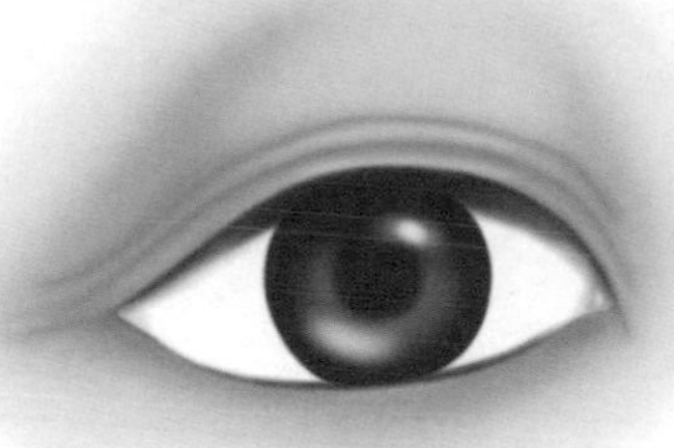

孔雀眼

上弦雙波，眼小而瞇，眼尾往上，白睛略呈青色。具此眼者聰明黠慧，幽默風趣，性情耿直，諸事吉亨，家內溫馨。

雁　眼

上下弦均為內雙，黑睛呈金黃色，細長而秀智。具此眼者品行亮節，性情溫和，循規蹈矩，仁義皆具。

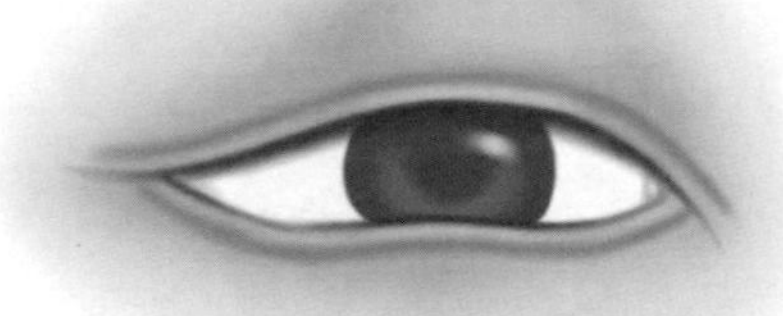

鵲　眼

上下弦均為內雙，黑白分明有神，眼形細長而眼尾上揚。具此眼者誠正信實，事業平順，順水行舟，晚歲得福。

鷺鷥眼

眼小波長成雙，黑睛浮藏，色微黃。具此眼者性情反覆，雙重人格，生性不良，老年孤獨。

鴛鴦眼

眼睛圓大，黑睛微露，黑睛中帶有赤砂，白睛帶有紅筋。具此眼者夫妻恩愛，富貴可期，但女性則易受誘惑，淫亂難免。

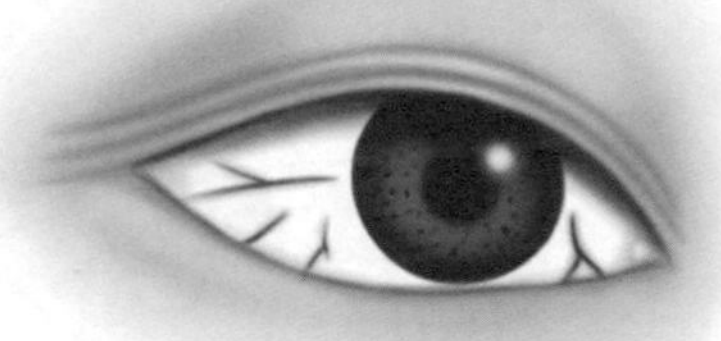

魚　眼

眼眶常有淚濕狀，眼睛圓小，呆滯無神。具此眼者身心失衡，心神不定，憂慮多病，早夭之命。

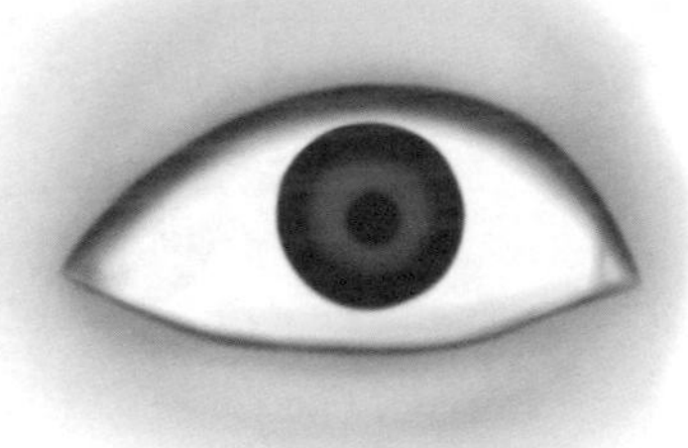

燕 眼

眼波內雙，黑白分明，炯炯有神。具此眼者品行端正，衣祿無缺，誠正守信，只是恐與子息無緣。

蝦 眼

黑睛小，白睛多，有如四白眼，具此眼者生性勤勞，性嫌急躁，晚歲得榮，但很難長壽。

蟹　眼

上眼弦往下墜，眼睛圓露，又稱金魚眼。具此眼者視力不佳，品行卑賤，愚昧庸俗，成就有限。

下三白

黑睛往下。具此眼者性情剛烈，事業多成多敗，冷酷無情，晚年孤獨。

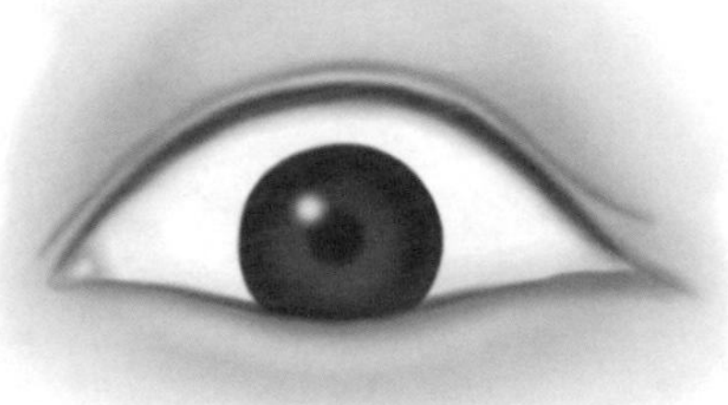

黑睛往上。具此眼者性情剛烈，奔波勞碌，夫妻不睦，事業無成。

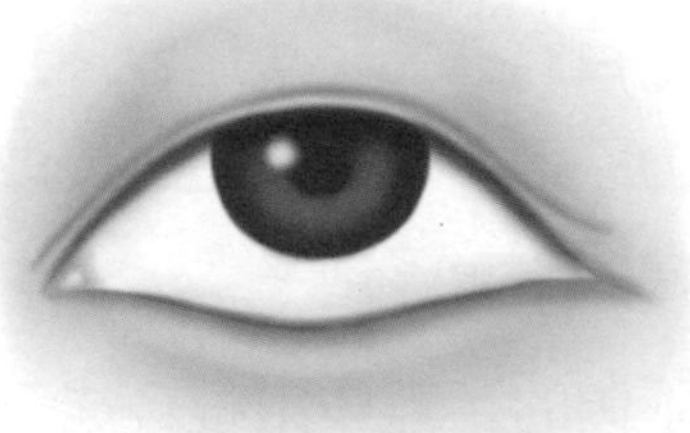

四白眼

黑睛居中。具此眼者心性狠毒，性貪淫亂，事業有成也難以長久，終至失敗，荒度此生。

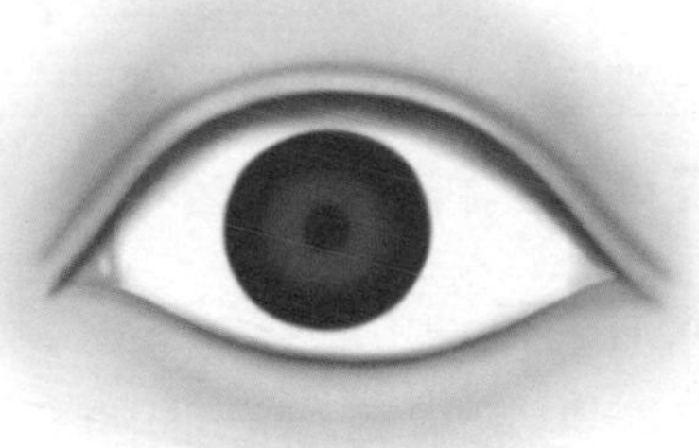

●眼睛的好壞，以黑白分明，炯光有神，秀氣纖長為佳。主精力充沛，聰明睿智。相反的若是雙眼無神，黑白睛不分明，目露兇光，魚尾紋多且雜亂，則主精力不濟，前程晦暗，成敗異常，波浪無停，事業多敗。

●兩眼頭的距離與山根分成三等份，如距離相當為標準之相。太寬記憶超強，但缺乏耐性；太近觀察入微，但性急無章。

●眼睛大有神，人緣頗佳，處事大膽，感情豐富，事業平順。但若是大而凸露，又雙眼無神，則屬凶相。

●眼睛小有神，虛懷若谷，謙沖為懷。但有時也常常有小心眼的心態，鑽牛角尖。若是小而無神，怒目兇光，則屬凶相。

●男生左眼大，主剋妻；右眼大，主懼內。

●女生左眼大，主懼夫；右眼大，為夫勞。

●眼睛大而臉小者，主散財；眼睛小而臉大者，主血光。

●眼睛內凹，城府較深，多疑成性，但意志堅強，聰明伶俐。

●眼睛外凸，性情多變，心直口快，但口才便給，雄辯無礙。

●單眼皮者，感情不善經營，且容易婚變；雙眼皮者，謹慎冷靜，含蓄內斂；

一雙一單者，屬於雙重人格。

●兩眼齊平，生活安穩；一高一低，生活多變。

●眉毛與眼睛寬廣者，人緣頗佳，心胸寬闊，但若薄而無肉，則為濫好人。

●眉毛與眼睛狹窄者，人緣較差，做人樸實，做事踏實，但若厚又有肉，則主晚年有成。

●睫毛長而濃，觀察敏銳，過長主勞碌、離鄉背井。

●睫毛柔順細緻，生活悠閒，福至康泰。

●睫毛短齊，精力旺盛，毅力堅定。

●睫毛雜亂，倔強多變，意志薄弱。

●沒有睫毛者，自我疑惑，孤僻無友。

●一白眼（狀如鬥雞眼），性情急躁，鬥氣逞勇；若分太開（遠離鼻子），意志不堅，成敗無常。

●眼角上翹，樂觀進取，積極奮發；眼角下垂，仁慈理性，故須防被連累。

●男生左眼為文昌，女生右眼為文昌，兩眼黑白分明，炯光有神，皆主科甲之名。

●魚尾紋上翹，主白手起家，女性主個性倔強；一上一下剪刀狀，個性固執、執拗。

●淚堂光滿，氣色潤澤，主生貴子；凹陷黑氣，主妨小人色難，婚姻不順。

●眼神藏而不露，黑漆有光，非富即貴之命。

●兩眼閃爍不定，斜眼看人，若不是先天性病因產生或是自信心不足，皆主笑臉藏刀，傲氣凌人，妄言妄語，缺乏誠信。

●天倉、奸門、淚堂、眼尾，皆主夫妻之位。倘若女生在這些部位，枯黃無潤，則婚姻不幸福且多變。

第6節 鼻子的相法

鼻子為五官之審辨官，十二相法為疾厄宮、財帛宮，代表41～50人生旺盛時期之運程。相書云：「問貴在眼、問富在鼻」，是故從鼻子可分辨其個性、婚姻、疾病、財富。

鼻子各部位名稱

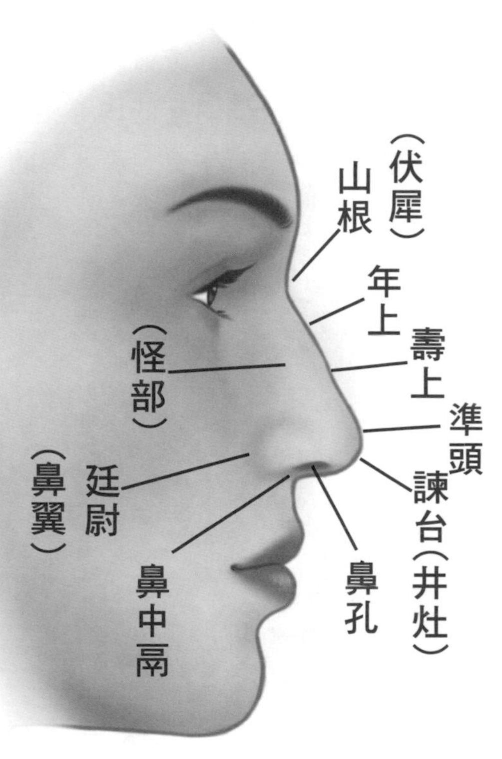

鼻子類型解析

富貴鼻

山根寬廣無瑕，年壽圓滑上貫印堂，紅黃紫潤，氣色飽足，蘭台廷尉高低均等相互應。具此鼻者富貴雙全，妻賢子貴，貴者裨助， 門庭隆昌。

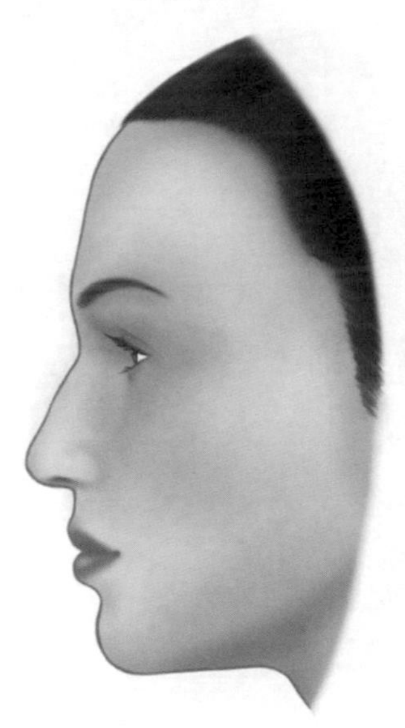

山根豐隆廣闊，直貫印堂天庭，故名「通天鼻」；而其準頭圓潤豐隆，蘭台廷尉相互應，勢如懸膽，故又名「懸膽鼻」，此鼻為男性之鼻。具此鼻者官祿彰顯，富貴齊全，氣宇超凡，領者風範。

截筒鼻

鼻直如竹，鼻齊如筒，山根稍低有勢，年壽圓潤有肉，準頭豐盈飽滿，鼻孔圓厚有收，側看有如截斷之竹筒般整齊。具此鼻者無論何種環境均能有所作為，所謂亂世英雄，太平盛事也是非富即貴之命，善於理財投資，婚姻幸福美滿。

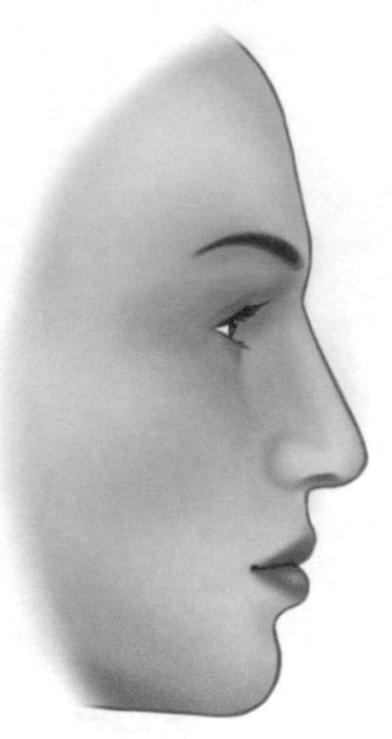

盛囊鼻

其鼻形與龍鼻有些相似，只是氣勢稍嫌不足而已，又名「守本鼻」。具此鼻者剛正不阿，富貴榮華，仁慈敦厚，妻賢子孝。

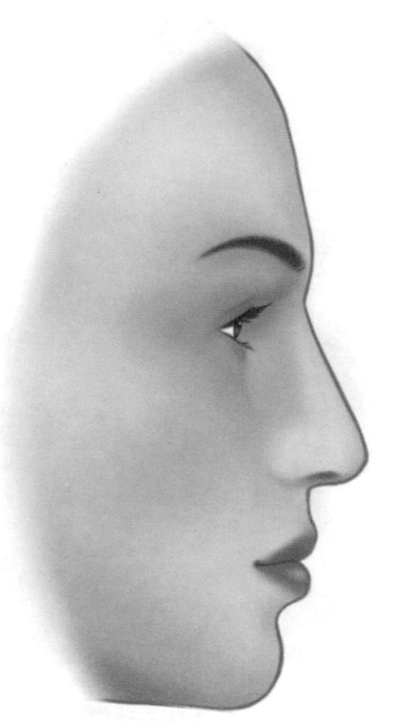

胡羊鼻

鼻形特大，準頭圓潤但略成下垂，尖而有肉，山根稍低，年壽圓潤。具此鼻者屬大富，若準頭又大而方，則富貴雙全，亦即非富即貴之命。

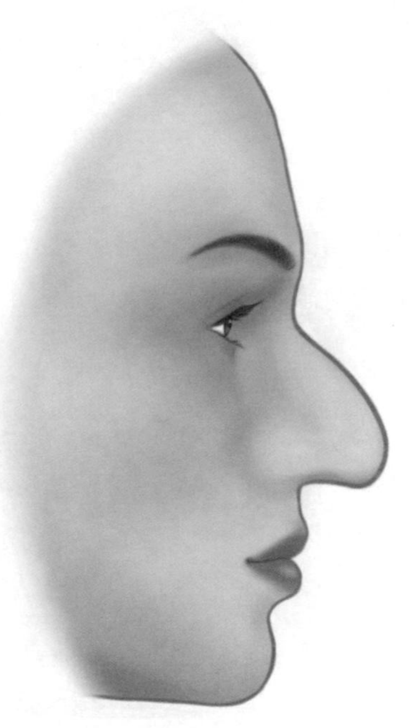

鹿　鼻

山根年壽略平，準頭、蘭台、廷尉豐厚寬隆而有收。具此鼻者生性仁慈，熱心公益，夫唱婦隨，福壽齊全。

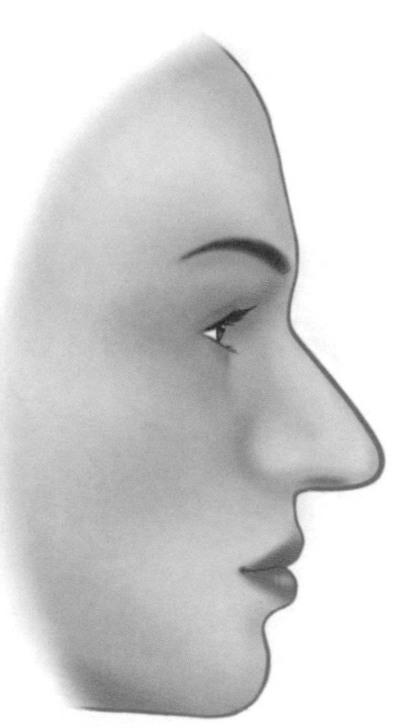

劍鼻

鼻樑成箭背形，年壽聳直但削瘦露骨，準頭高卻無肉，蘭台廷尉缺圓收，又稱「箭脊鼻」、「箭峰鼻」。具此鼻者一生奔波勞碌，刑妻剋子，刻薄成性，多敗無成。

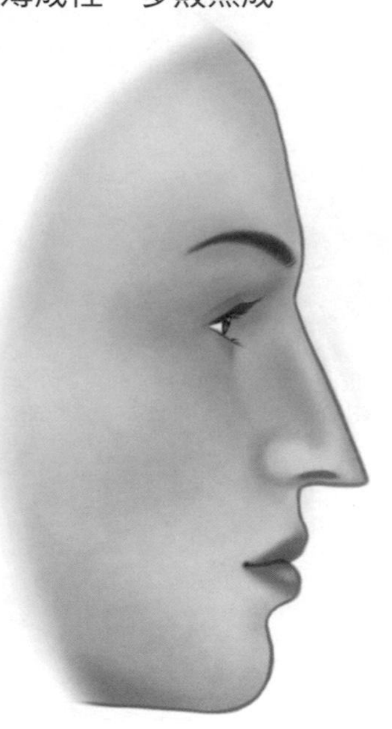

鷹嘴鼻

年壽骨略弓，準頭尖而下鉤，蘭台廷尉小而內收。具此鼻者刑剋六親，心毒手辣，笑裡藏刀，無仁寡義，事業挫敗。

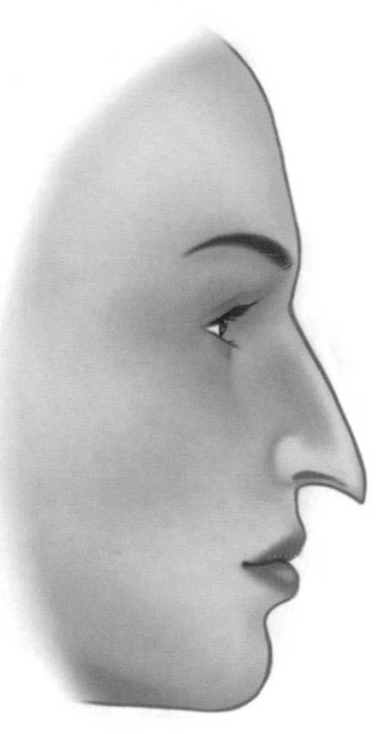

扁塌鼻

山根低平，年壽凹塌無氣勢，準頭無肉扁平，鼻孔外露，又名「無能鼻」。具此鼻者性鄙狡猾，膽小無能，貧苦無依，災厄壽短。不善理財，意志薄弱，婚姻難美。

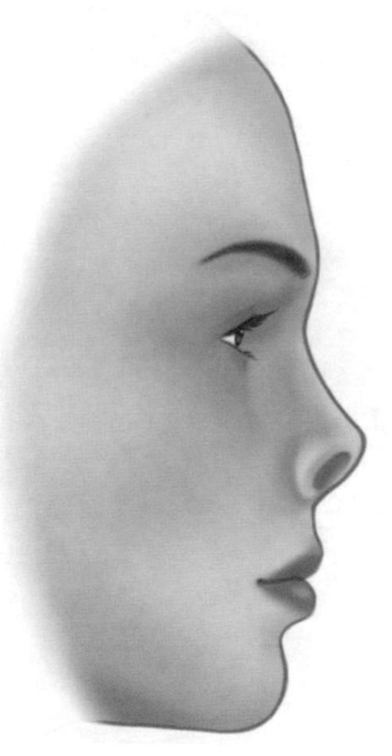

年壽骨凸起，鼻子大但卻肉少。具此鼻者我行我素，人緣極差，事業多敗，婚姻不佳。

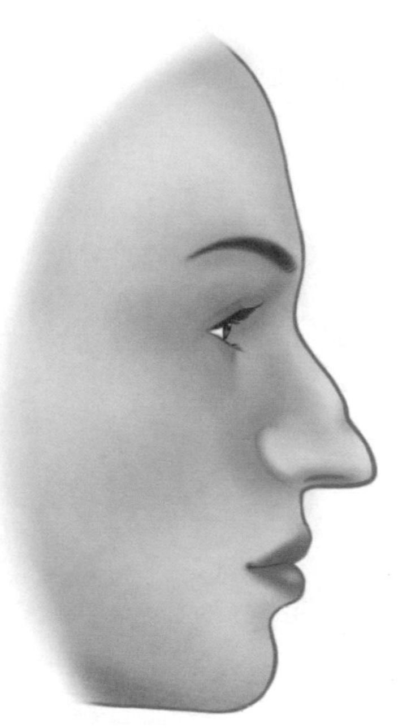

獅　鼻

準頭與蘭台廷尉特別大，山根細小低平，鼻孔有收。具此鼻者若年壽骨弓起又鼻短，適合軍警，但難以善終；如年壽平而鼻長，可於文教發展，但必須配合獅形體型，才能有所助益，否則也是難以善終。

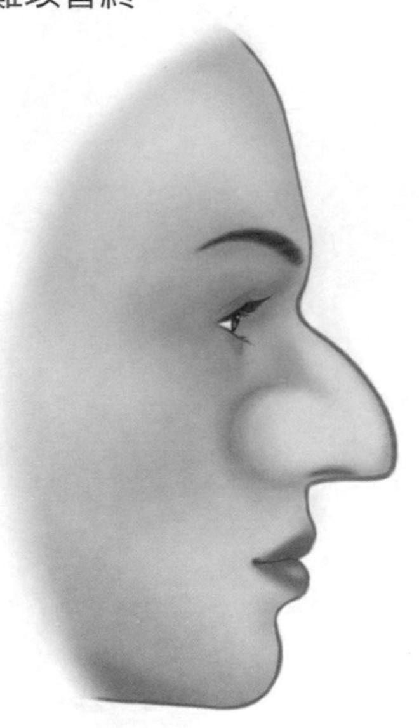

露灶鼻

鼻雖大，山根不低，鼻樑直聳，準頭、蘭台、廷尉也豐隆，只是鼻孔仰露而不收，又稱「開風鼻」。具此鼻者財來財去，六親緣薄，事業多敗，但若能事事小心，實事求是，則成功也有望。

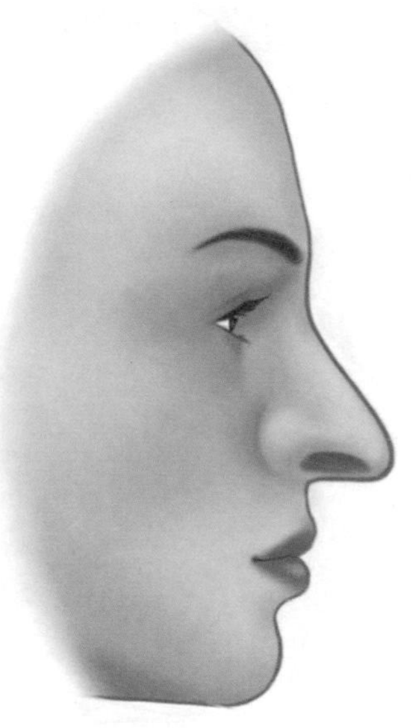

三彎鼻

準頭尖且肉薄，山根低平，年壽凸起，整支鼻塌弱彎曲無勢， 正面側面看皆呈彎曲狀。具此鼻者性格多變，孤掌難鳴，災厄疊至，一貧如洗，六親無緣。

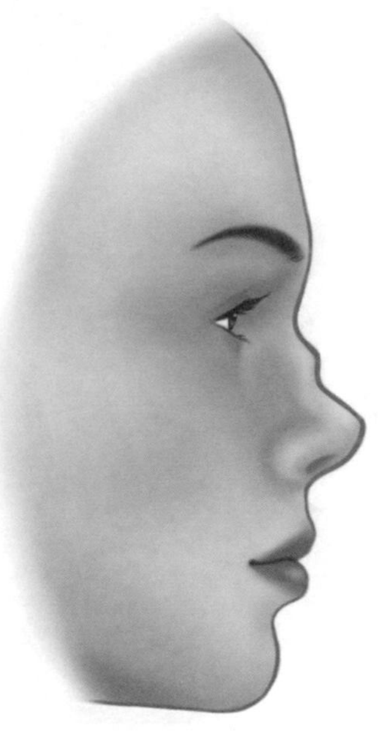

孤峰鼻

年壽略低，準頭明顯尖凸，蘭台廷尉小而內收，顴骨低平，故曰孤峰。具此鼻者無情寡義，眾儕疏離，貪淫好色，六親無緣。

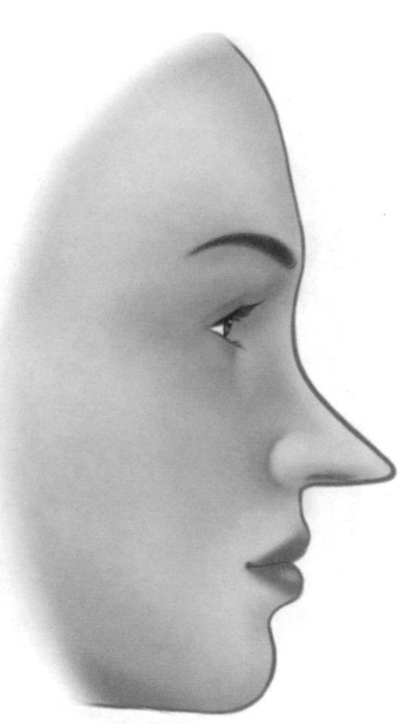

結節鼻

年壽骨凸起而往左右橫張，鼻上如打結狀。具此鼻者心狠毒辣，勞碌少成，事業多敗，婚姻不佳，尤其是女生更是。但若是其他相理佳，則多為道上之大哥，只是中年過後，事業挫敗，身體多厄，官非難免。

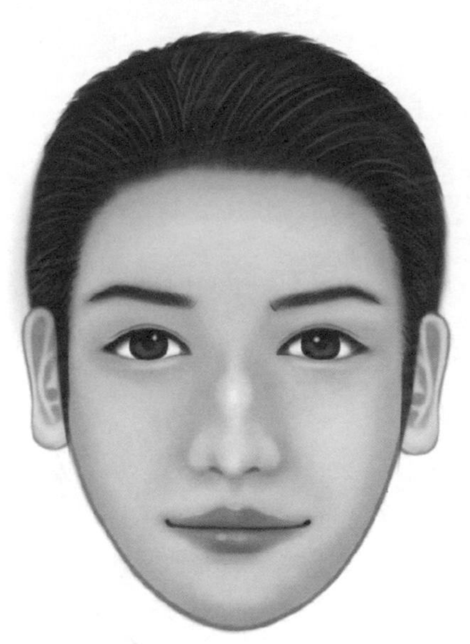

參差鼻

蘭台廷尉大小不一，高低不齊。具此鼻者鼻形若還不錯，尚可安穩過日，倘若鼻形又不佳，必定少成多敗，有志難伸，家業難續，流年逢之災厄立至。

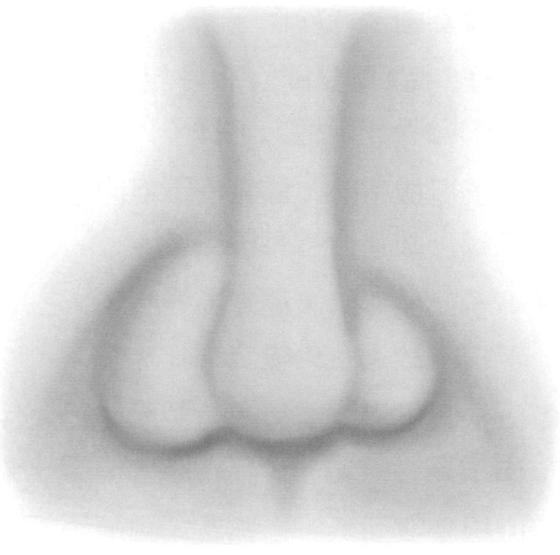

●鼻子標準長度，約佔整臉的三分之一。太長行事孤僻，喜好沉思；太短性情急躁，行事果斷。

●鼻子高聳，自信心過強，容不下他人意見，故不適合外務、公關、推銷之工作。鼻子低陷，缺乏幹勁，效率無章，優柔寡斷，過於保守。

●鼻子、顴骨要能互相呼應，主權位皆得。顴骨代表權力，鼻子代表地位。

●鼻子挺拔有勢，顴骨低下無肉，主有位無權，故適合當幕僚人員。

●鼻子低塌無勢，顴骨高聳有肉，主有權無位，故適合外線之工作。

●山根宜平滿寬廣，主有祖蔭，行運佳；山根高且無瑕，少年得志，健康快樂。

●山根狹窄而低，主孤貧，祖蔭不好；山

根低陷，主少年坎坷，行運亦差，慎防心血管疾病。

●鼻子短小而鼻孔大又仰露，就算鼻形漂亮，一生也難以富貴，保守為宜。

●鼻子最忌赤紅而焦，一般會有猝死的可能。

●鼻子聳直為吉相，忌諱左右偏斜，除本性自私，無情寡廉之外，易有脊椎不正之狀況。

●山根主心血管，年壽主腸胃，準頭主腎功能。

●所謂「相不獨論」，就算鼻形多麼完美，其他相理均不佳，則福壽也難以持久， 成敗無常之命。

●女生鼻子太高，主欺夫，主婚姻不佳；女生顴骨太高，主掌權剋夫。

第7節 嘴巴的相法

嘴巴為五官之出納官，為飲食所納之處，言語出入之門，是非道理皆由此生，代表51～61之運程。相書云：「口大膽量大、口小膽量小」，是故從嘴巴可分辨其膽識、健康、運勢、個性、感情、意志力等。

嘴巴各部位名稱

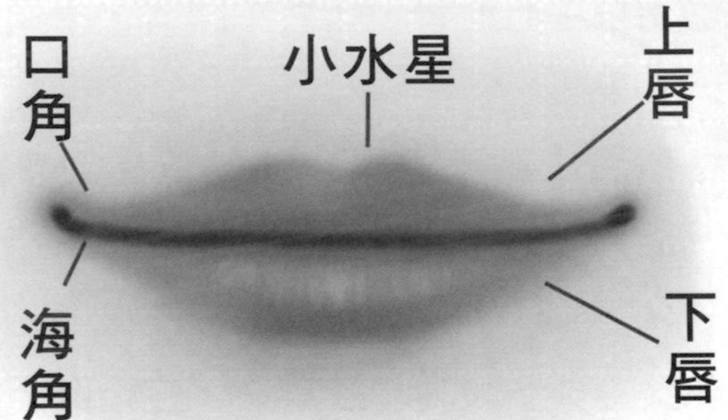

嘴巴類型解析

櫻桃口

大小適中，口圓唇厚小而方正，口角上翹唇紅齒白，笑的時候有如蓮花般開放。此口主聰明有禮，溫和賢淑，人緣甚佳，富貴之命，女性擁有更是絕佳，必嫁良夫無疑。

男性最佳之口，兩唇豐厚整齊，口角清新上仰。此口主領導奇才，身心健全，才智超群，貴不可言。

海角上仰，唇紅齒白，上下唇厚薄適中，秀麗可人。此口主學識博廣，涵養深厚，聰明智高，富貴雙全。

四字口

上下四方稜線分明，口角齊平，唇如朱紅，笑不露齒。此口主福壽雙全，度量宏寬，居官食祿，官貴顯達。

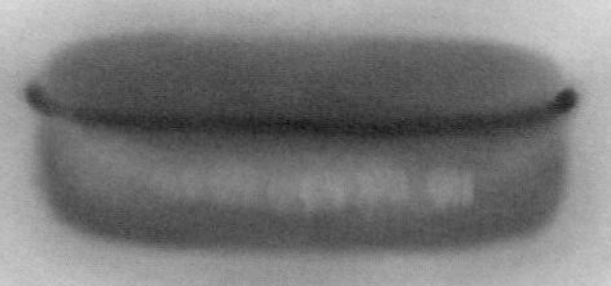

牛　口

雙唇非常豐厚，口型也大，舌長齒白。此口主心胸寬大，聰明智巧，富貴吉祥，福壽綿延。

彎弓口

口形如彎弓向上，口唇豐厚，紅潤鮮明。此口主神情愉悅，駿業亨達，富貴可期，福壽之相。

皺紋口

雙唇緊縮，口角下垂，皺紋滿佈，色赤而黯，面容無顏，又稱「布袋口」。此口主少年辛苦，妻子俱遲，起伏不一，孤獨無伴。

虎口

口形寬闊有收，口角朝上，大到可以容得下拳頭。此口主耳聰目明，穎悟英敏，事業有成，富貴雙全。

口小唇厚，口角尖但略下垂，唇色黯淡，牙齒參差不齊。此口主勞心費力，奔波勞碌，衣食不豐，浪蕩而終。

覆船口

口角彎下，好像翻船一樣，唇色黯淡。此口主漂泊一生，貧苦無依，意志薄弱，晚歲孤獨。

豬　口

上唇肥厚前突而覆蓋下唇，下唇尖小薄短而內縮，口角往下垂。此口主停滯墮落，愚昧無知，粗暴無禮，不得善終。

羊 口

口長又尖，唇薄上下無鬚。此口主人緣不好，性情不定，虛擲光陰，事業無成。

歪斜口

口形不正，上下不齊，唇上少紋，大而不收，病因造成則不論。此口主口沫橫飛，巧言令色，妨父或母，妻兒無助，壽短之相。

吹火口

口尖不收，口角下垂，唇掀齦露，參差不齊，狀似吹火。此口主心性反覆，道長說短，孤苦無依，女性最忌此口。

- 口以端正豐厚，輪廓有稜，唇紅齒白，口角向上為最佳之嘴形。
- 口大必須配合臉型比例，而且口大要有收，若是歪斜而張口不閉，乃屬於愚昧無知，巧言令色之相。

●嘴邊有痣，性器一般都會有痣，男性會生出賢能的子女。女性則人緣較差，性趣缺缺。

●上唇薄下唇厚，自我主義，缺乏自信；下唇比上唇長，喜受人恭維。

●男性以上唇大過下唇為宜，主自信堅強；女性反之，主溫和有禮。

●無論上下唇皆不可過薄。上薄主自私貪慾，喜怒無常；下薄主虛假無實，尖酸刻薄。

●講話或笑的時候，露齒還可以，但若是看到牙齦，則漏財、刑剋是非多。露出上牙齦，難拒情色；露出下牙齦，冷酷無情。

●一般嘴唇都會有直紋，若是沒有主難有子息，人緣亦差。

●口角要微翹為佳，代表為人高尚，宏業日蒸，若朝下則反之。但也不宜太過高翹，否則會有讓人不易親近的感覺。

●除非病因使然，男性口左斜會剋妻，右斜晚歲欠安，女性則反之。

●口大鼻小，小人加害，工作難成，刑剋是非多。

●口小鼻大，淒楚一生，勞碌無成，晚運不佳。

第8節 人中的相法

鼻子下方至上唇的直溝謂之人中，由人中的寬淺、長短、深窄、曲直、紋路、痣等，可斷此人之貧賤、富貴、壽元、婚姻、子息、運勢、資質等。

人中類型解析

上寬下窄 人中上寬下窄，主做事猶豫不決，缺乏恆心與毅力，性情暴劣，刑剋子息，小孩一個不如一個，晚運煩憂。

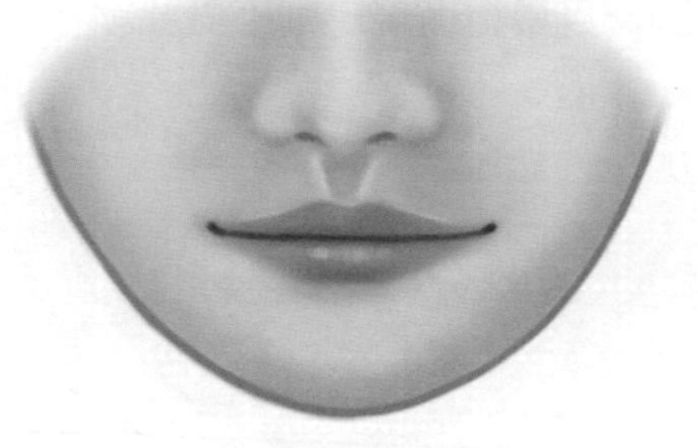

上窄下寬

人中上窄下寬，主壽高，子孫賢孝，財運亨通，晚歲招祥，漸入佳境之相。

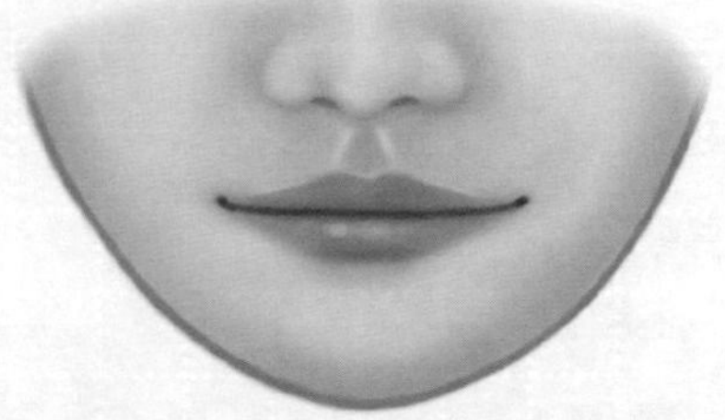

人中橫紋

人中有橫筋或橫紋掠過，主為子息憂勞，得子較遲或無子，婚姻不佳，防產厄及血光之災（五十歲過後的痕紋，乃因歲月累積而現，則不做此論）。

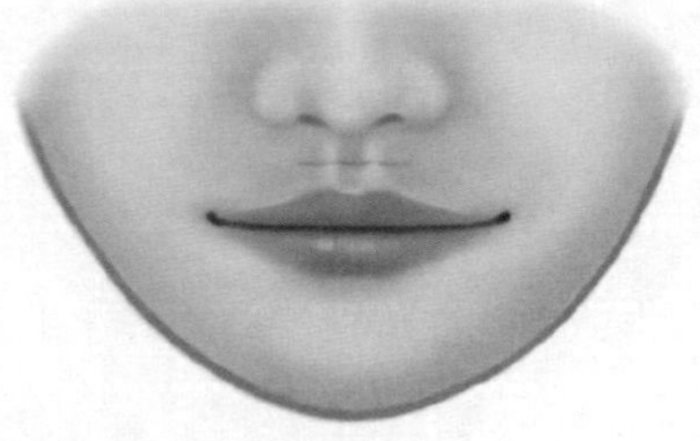

人中直紋

人中有直紋，為人欺詐狡猾，子息運不佳且得子較遲，子女品行也不好。

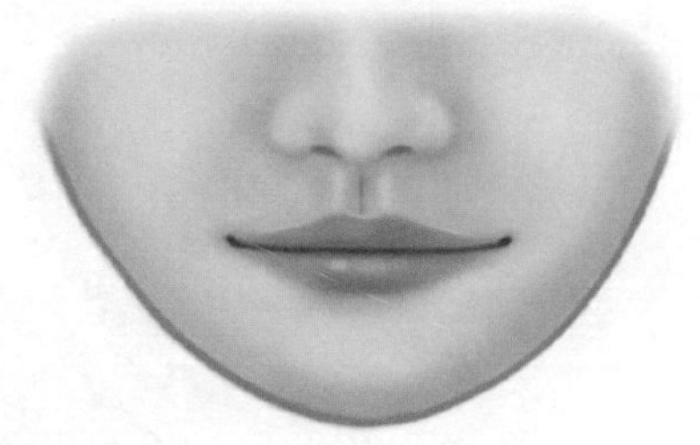

細如懸針

人中纖細如懸針，主運勢不佳，器量窄小，健康不佳，老年孤貧。

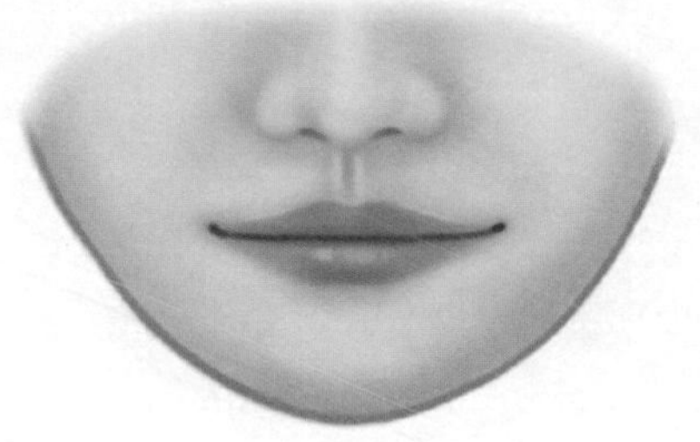

人中疪痣

人中有痣在上方易生男，在下方易生女，在中間主生產不順。若為善痣，雖有財喜，但均為子孫操勞。

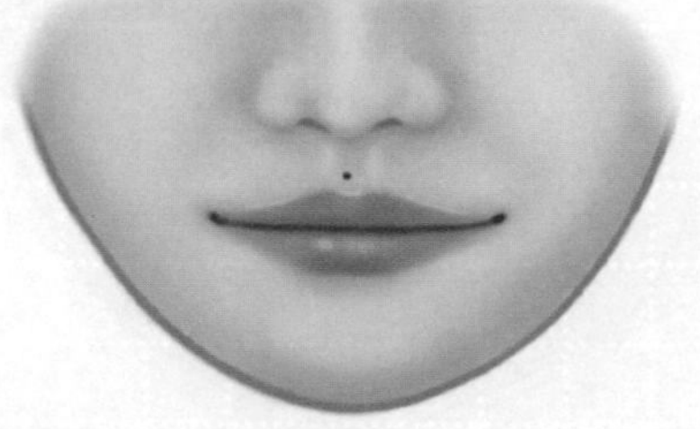

人中彎曲

人中彎曲，主虛偽無實，奸詐狡猾，禍延子孫，剋夫剋妻之相，女性尤須注意子宮方面疾病。

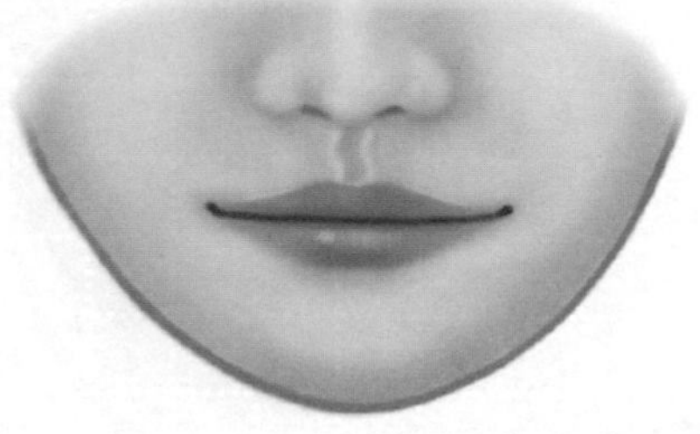

人中交紋

人中交紋，主刑妻剋子，防水厄，子息運也不好，正所謂刑剋重重之相。

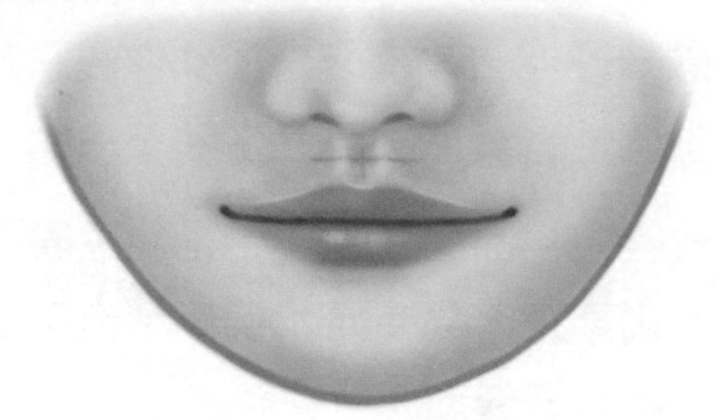

●人中上下狹窄，中間寬闊，主勞力費神，徒勞無功，體弱多病，危難艱重，一生多苦疾之相。

●人中太短，只喜歡聽好話，主愚而無智，孤寡無伴，性情急躁，時運不濟，所以總是一事無成，難得子息，晚運不佳。

●人中太寬，主諸事坎坷，憂慮難安，愚而無智，六親緣薄，潦倒一生。

●人中往上翹，則嘴唇也會順勢上突，主愚昧輕浮，投機取巧。女性最忌此相，主個性過於開放，私生活不檢點。

●一般人中都是直立，若是斜歪表示此人心術不正，易有婦女疾病，無子女福，脊椎也易偏斜。

●嘴唇上方的毛稱為「髭」，下方稱為「鬚」。男性無髭者，主勞碌無常，運勢多蹇。

●女性人中若有髭者，主剋夫。人中要乾淨，上窄下寬，若不潔雜亂，亂毛橫生，皆主婚姻不佳，晚運不好，子息難賢孝。

●壽命長者，人中一定長；人中長者，壽命不一定長。

第9節 法令的相法

相圖秘旨云：「法令從蘭台、廷尉發出，如法制禁令然，故名之。為官者，宜法令深長也。」三十歲過後法令愈來愈明顯才屬正常，法令主官職、權勢、領導、指揮、事業等。

法令紋類型解析

1. 法令寬廣如鐘至口角附近，而未到承漿、地閣處。主其人自我儉德，事業平穩。

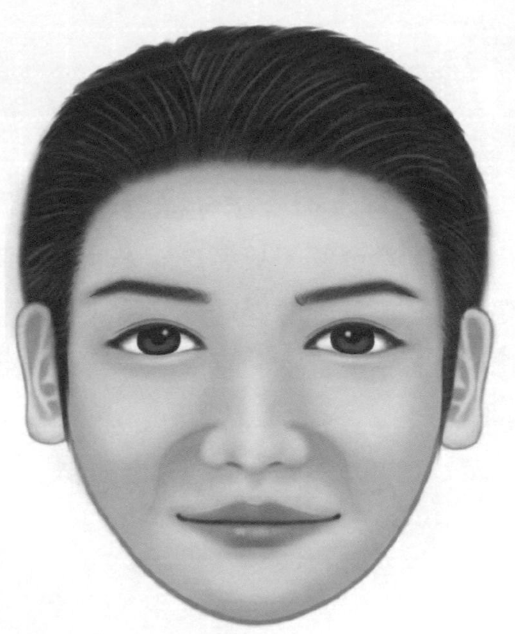

2 法令寬廣如鐘，又長及地閣。主其人富貴無邊，壽長之徵。

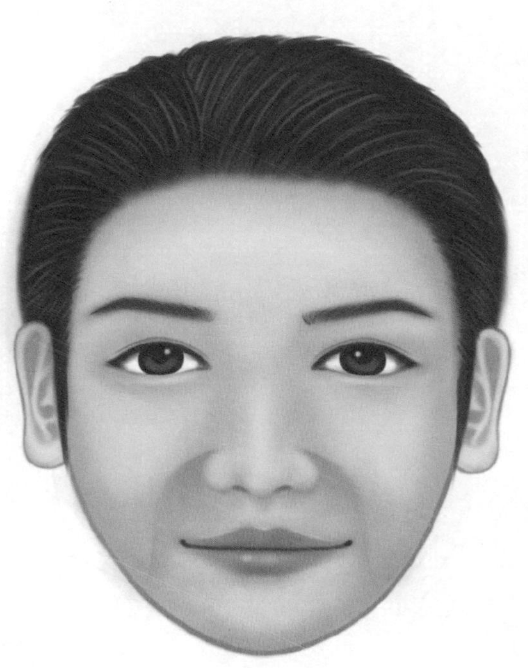

3 法令於口角之上。主其人工作常常變換，體弱多病，壽短之相。

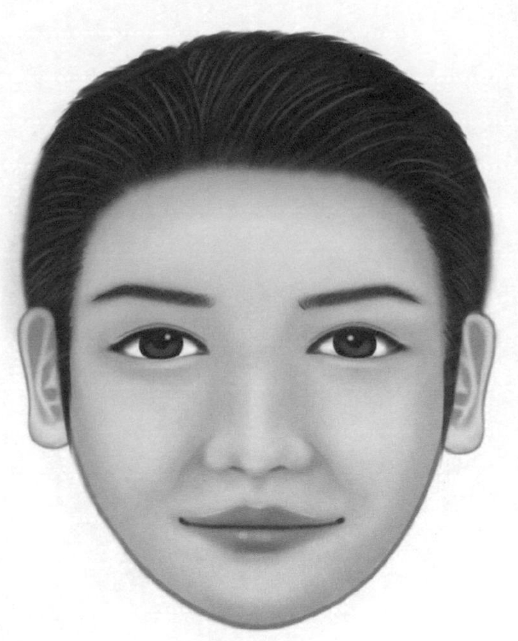

4 法令長及地閣，但是寬廣度不足。主其人可享高壽，事業只是一般平平而已。

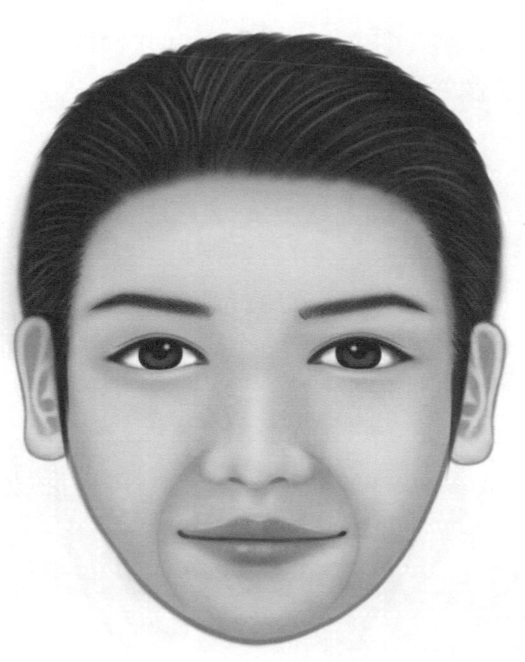

5 法令入口，又稱「騰蛇入口」。主其人飲食不制，嚴重腸胃病或因不能就食而餓死，若能富貴也是短壽之相，意外頻傳，人緣不佳，但若是口角生出短紋者，乃為騰蛇變龍則不忌。

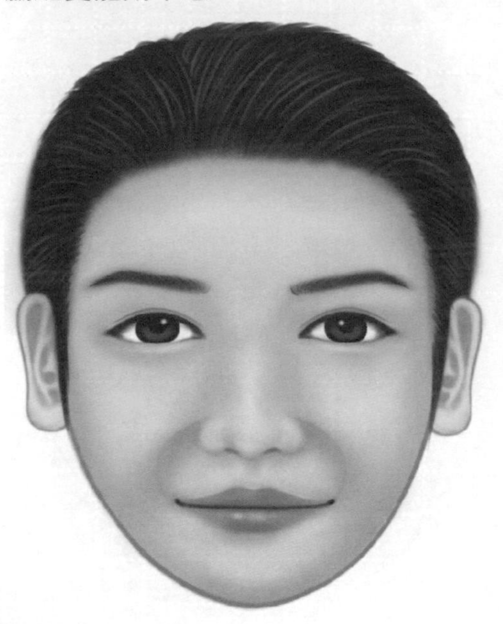

6 法令隱而不見。主其人辛勤勞神，前程晦暗，事業難成。

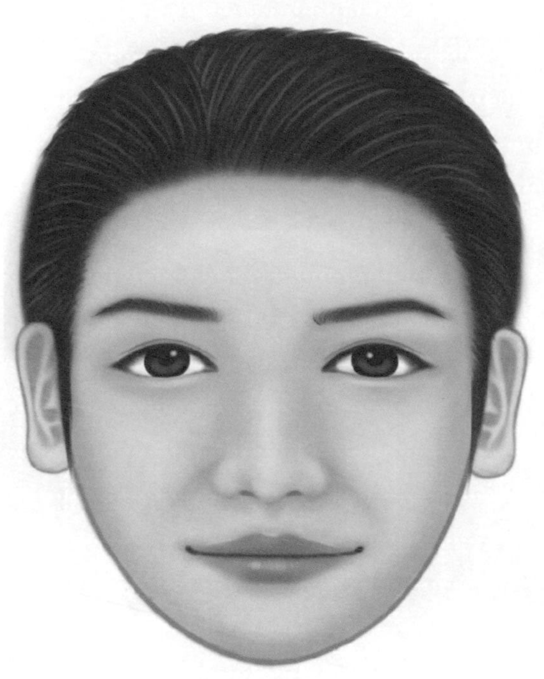

7 法令騰蛇入口，又自淚堂起紋入口，稱為雙重鎖口。主其人因飲食或藥物中毒而亡，尤其在五十歲前後。

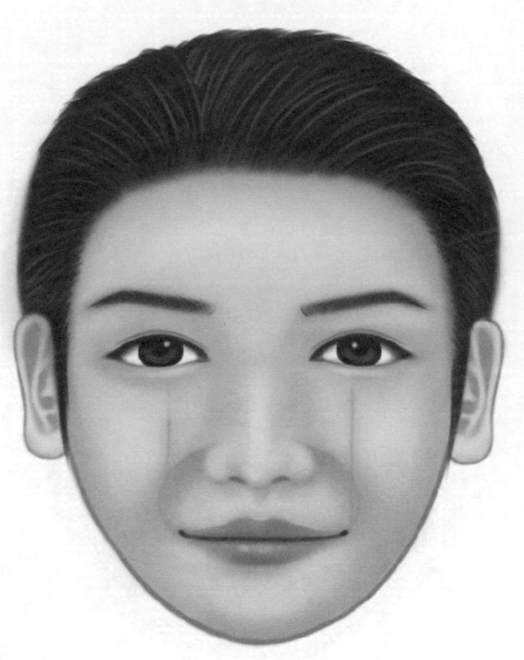

8 法令為雙重騰蛇入口。主其人因腸胃消化系統或窮困無依，導致病死或餓死。

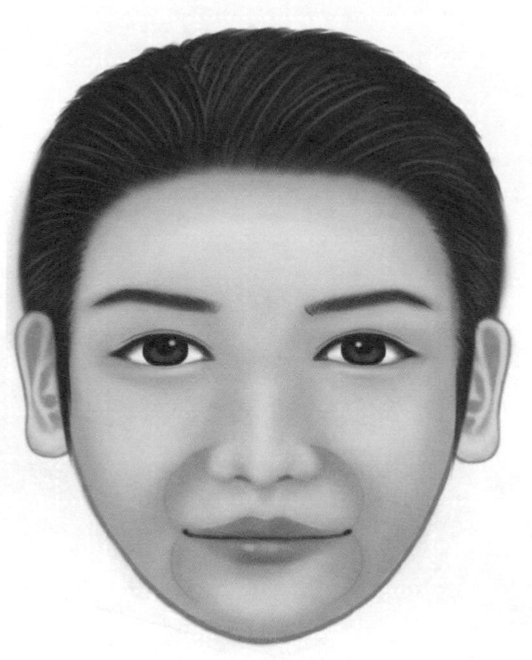

9 法令一邊雙紋，一邊單紋。主其人家庭複雜，有異姓父母或重拜義父母， 甚或是從小父母送人當養子，一生事業變化無常。

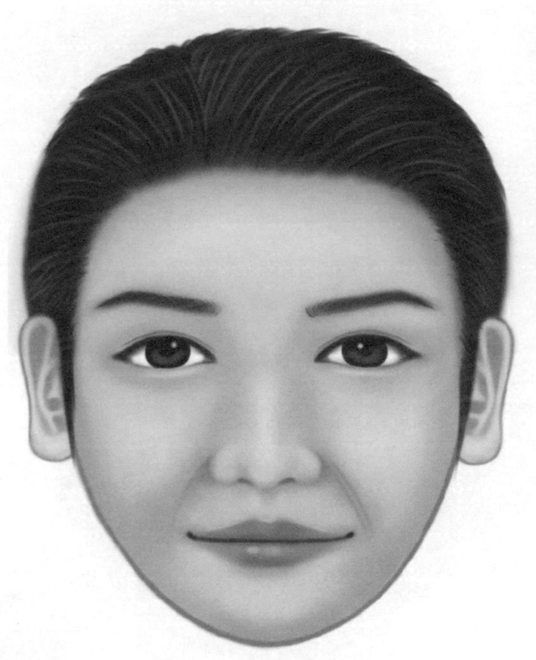

10 法令紋上再生枝紋，此為陰騭紋。主其人時常在做功德，並且積陰德，老運必佳，壽長之相。

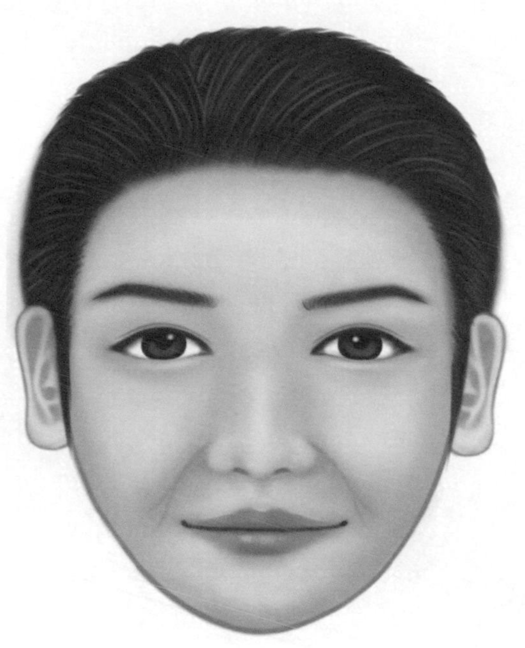

11 法令有痣者。左邊有痣與父緣薄，右邊有痣與母緣薄，婚姻不佳，有足疾。法令附近有痣，事業多變，難成祖業，善痣則吉。

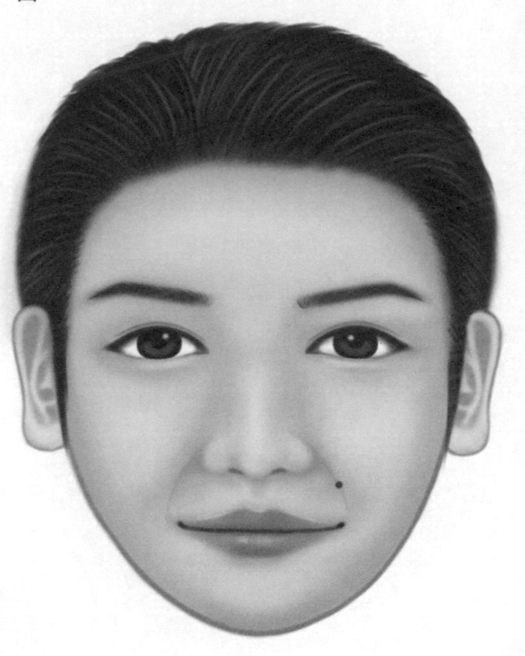

12 法令兩邊深度不一。左邊深且相理佳，得父庇蔭；右邊深且相理佳，得母庇蔭。

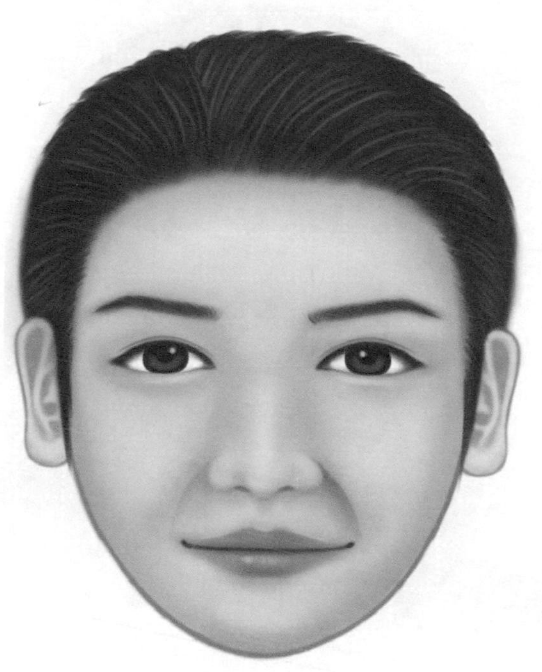

13 法令紋中斷。主六親緣薄，體弱多病，意外血光，性情起伏不定，品格庸俗。

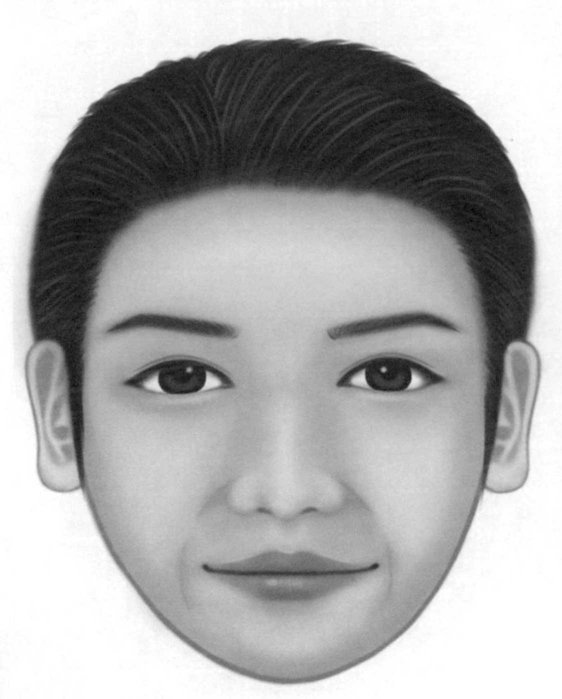

14 法令若太早出現而明顯，尤其是女性。主六親緣薄，運勢多舛，成敗異常，剋夫刑子。

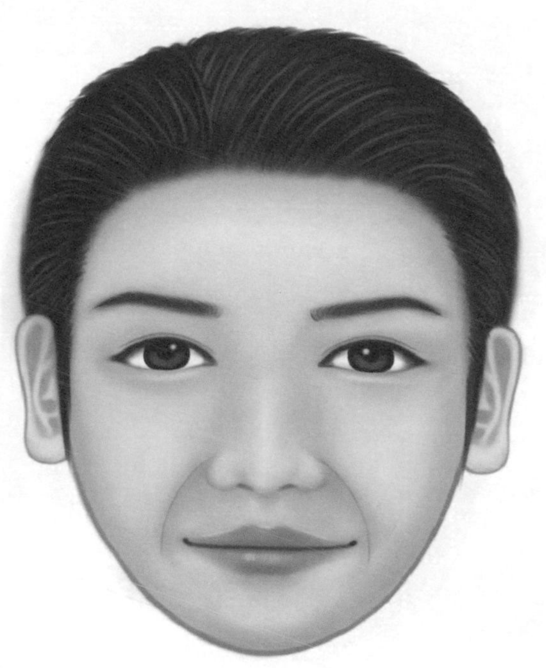

15 法令紋非常對稱，狀似葫蘆樣。主其人聰明有智，責任心重，辛勤得利，老運吉至。

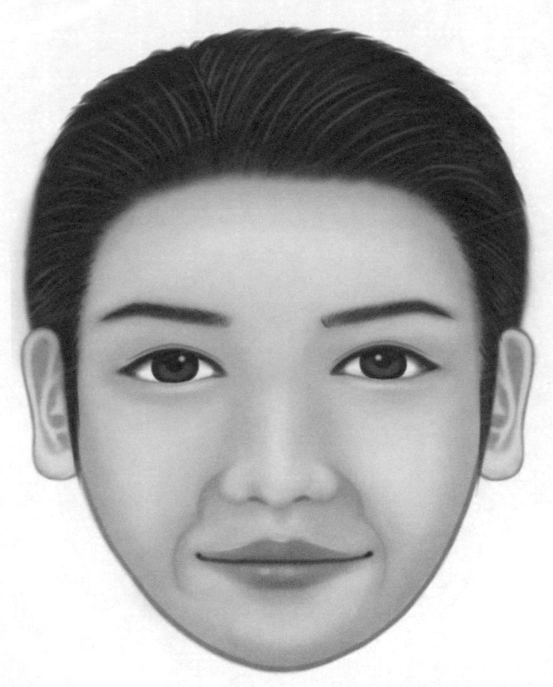

● 法令紋相理好，適合從事武職、政治、從商均可。相理差，最好從事文職、五術、藝文、音樂等。

● 法令紋不明顯，太過細窄，主一生勞碌，平庸終生。

● 法令紋過短，主事業漸衰，難成大業。

● 男性法令紋有形有深溝，主官威、壽長之徵。

● 女性法令紋有形有深溝，主勞碌、刑剋六親，自我意識過於強烈。

第10節 耳朵的相法

耳朵為五官之採聽官，觀其1～14歲童年時期之運勢。相理佳則一生衣食無憂，縱有困難也能逢凶化吉；反之縱使其他相理佳，耳朵卻輪廓凹凸，大小不齊，氣色灰黯，耳露廓反，則難成大業，成敗無常。

耳朵各部位名稱

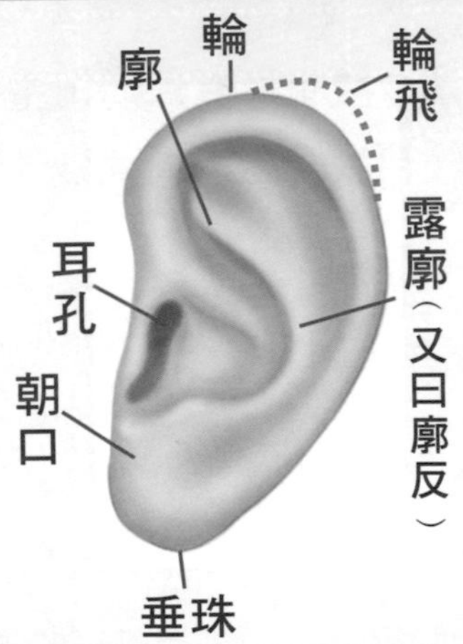

耳朵類型解析

貼腦耳

耳朵緊貼後腦如抱頭狀，耳與眉齊高或高於眉，肉厚廓豐，色白於面，孔大又生毫。主其人忠信賢良，五官相配得宜，乃富貴雙全，六親得助，若眉低眼濁，則辛勞致富。

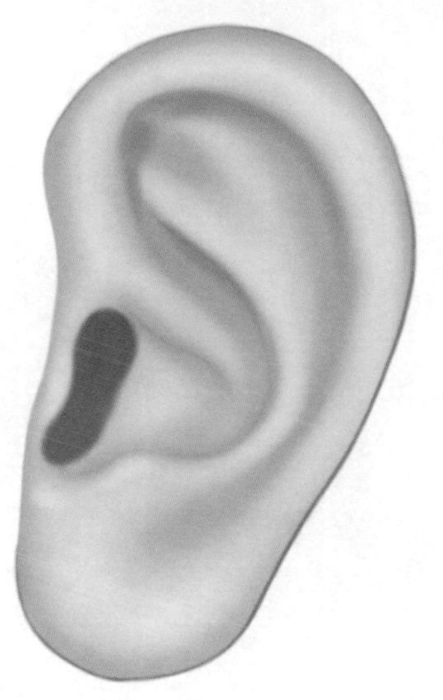

垂肩耳

耳朵高於眉，厚實廓豐，長大垂珠達口角，孔大又生毫。主其人相貌堂堂，官高祿重，功名顯彰，名聲遠播，福壽雙全。

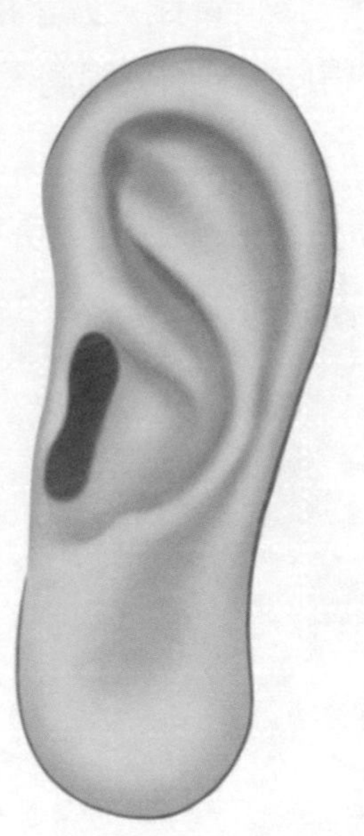

金耳

耳朵高於眉，色白於面，天輪稍小但是有垂珠，厚實端正，輪廓分明。主其人聰明能幹，財官雙美，適合配土金水形人，若配木形人，則晚景淒苦。

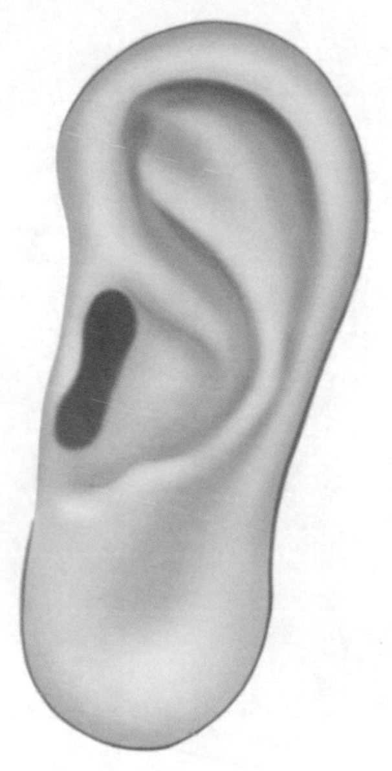

棋子耳

耳朵圓小但厚實有肉，高於眉稍有垂珠，色白於面。主其人聰明智慧，步步青雲，非富即貴。配金水形人可得妻助，子孫賢孝；若配木形人，則勞神費力，徒勞無功。

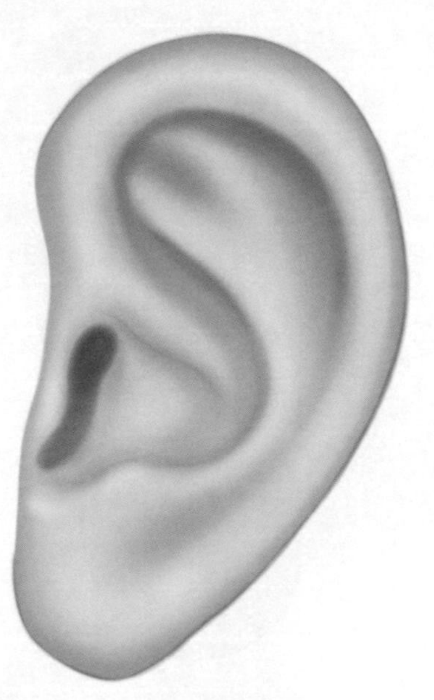

耳朵厚實肥大，耳色紅潤，垂珠朝口。主其人性格敦厚，誠實信用， 適合配火土金形人，若配木形人，則勞苦奔波，離群孤居，老年孤單。

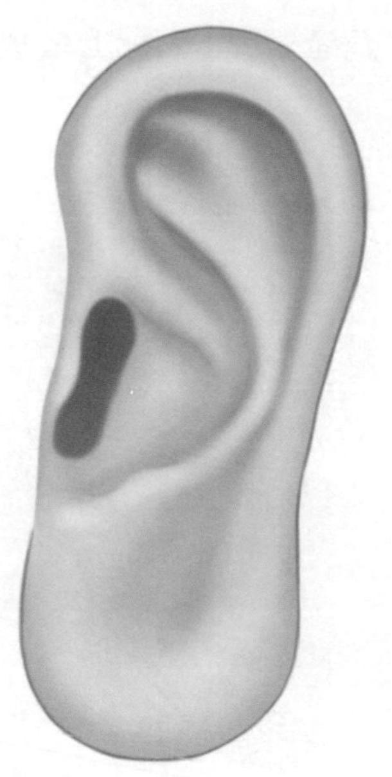

火耳

耳朵長大堅硬不厚，天輪尖出而高於眉，垂珠低小後反，耳廓稍微反露。主其人品性低俗，自視甚高，心性怪異，孤寂不群。若配上木火形人尚且事業能有所利，但也會刑剋六親，終老孤獨；若配上金水形人，乃貧夭之命。

扇風耳

耳朵向前張開，耳薄無垂珠，耳廓不明顯，耳孔細小。主其人離鄉背井，不得祖蔭，勞苦奔波，事業挫敗，晚歲孤獨。

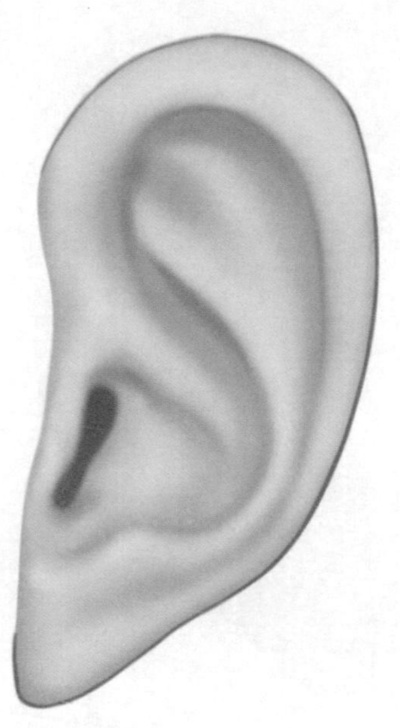

開花耳

耳朵天輪損缺凹陷，故名開花耳，耳廓不明顯，耳硬肉薄色暗，垂珠似有若無。主其人幼年艱辛，難樹功名，平淡此生，晚歲貧苦。

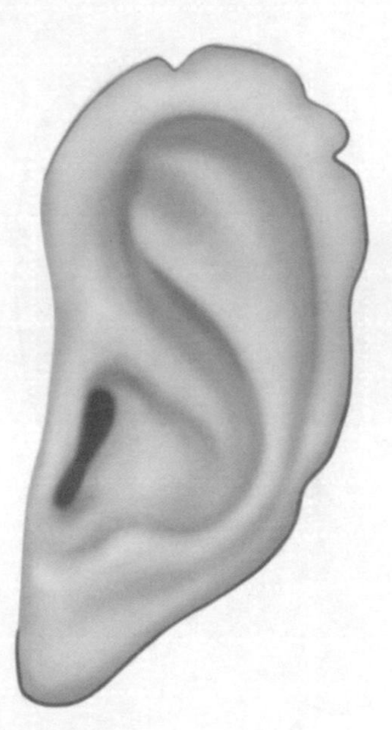

箭羽耳

耳朵天輪寬而下尖，輪飛闊反無垂珠，耳高於眉，耳孔細小。主其人幼年多病，起伏不定，難成偉業，但有聰明才智。

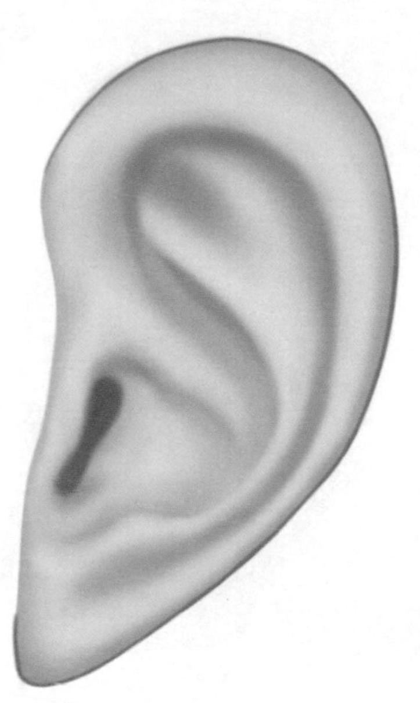

傾前耳

耳朵天輪大且向前傾倒，地輪無垂珠而向後反，輪廓不明，耳色不鮮。主其人凡事無成，奔波勞苦，潦倒終生，若耳朵又很薄者，又主短壽。

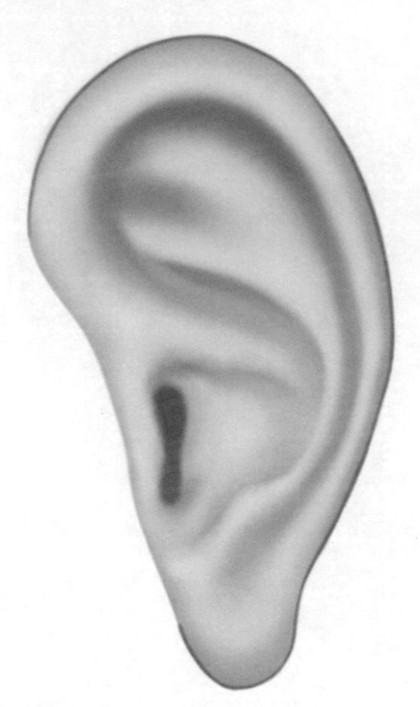

驢耳

耳朵長大貼腦且厚，柔軟但色不鮮，孔大無毫，珠不朝口。主其人出身貧寒，家世不顯，配上水木形人，中年尚可發達；若配上火形人，則主孤而無依，男性有此耳皆主貪淫，但有壽。

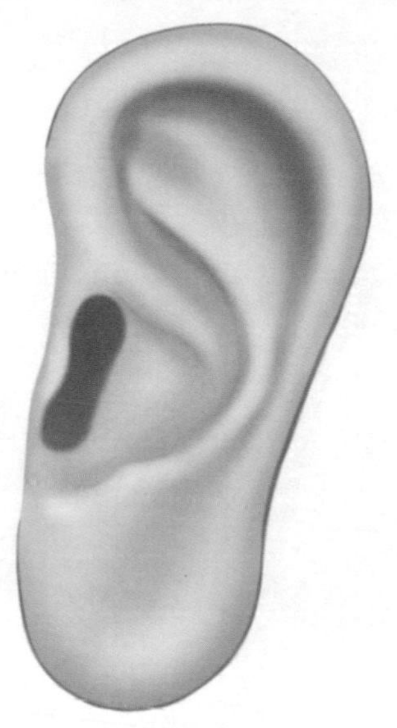

虎耳

耳朵不大，抱頭貼腦，輪廓不明，耳肉厚實，孔小色鮮。主其人配上相佳五官，則事業還有所成，若不則時運未濟，貧苦無依。但為人不免狡猾嫉妒，心機重重，此耳配上高大肥碩之人，必主短壽，適合配上瘦小之人。

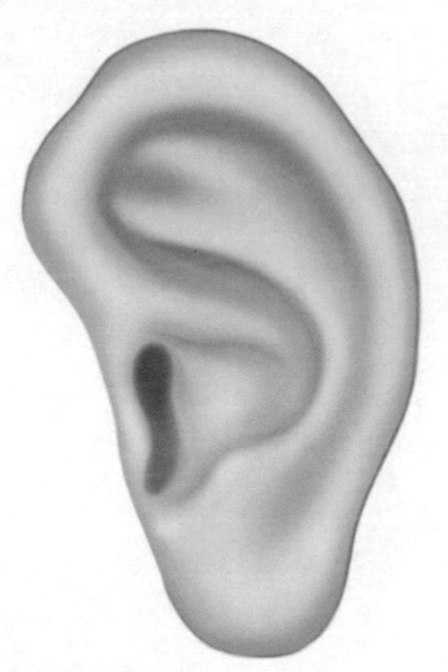

鼠耳

耳朵形狀尖薄短小又歪斜，天輪不齊凹陷，下尖無垂珠。主其人虛假無實，賣弄聰明，災厄臨身，終遭挫敗。然若配上面容清秀之人必主短壽。

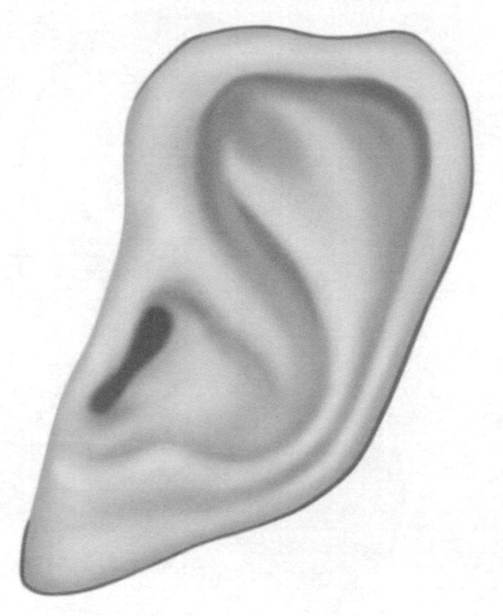

豬耳

耳朵雖大，肉軟而不堅實，輪廓不明，歪斜不正。主其人生活委靡，情緒浮躁，性情暴烈，一敗塗地之相。

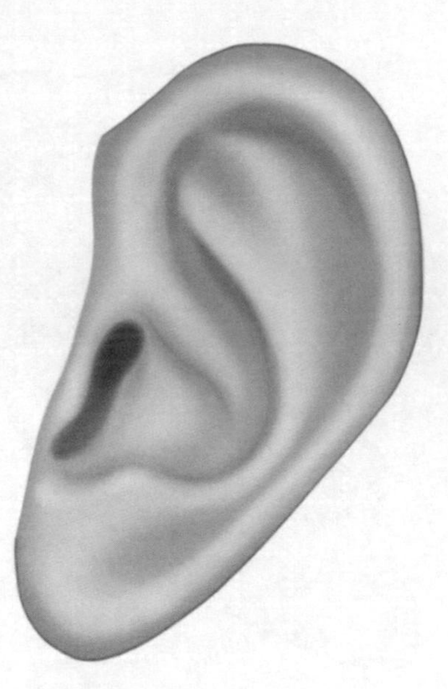

●耳朵相理好，表示小時候父母親運勢順遂；耳朵相理不好，則父母親在你出生時，運勢多舛。

●耳朵為「採聽官」，若耳形美觀整齊，則有包容、務實之特質；若耳形醜陋髒污，則性喜貪妄，是非口舌之相。

●耳朵堅厚有肉，輪廓分明，垂珠朝口，氣色明潤，表示幼運好，聰明有壽，與雙親緣深；若耳朵缺陷，大小不齊，輪飛反廓，氣色灰黯，主幼境差，愚智寡財，與雙親緣薄。

●耳朵若左耳有缺陷，主傷父；右耳有缺陷，主傷母。

●耳朵比面白，又厚實寬大，非富即貴之相。

●耳朵上寬下窄，思慮周詳，但是衝勁不足；上窄下寬，積極衝動，思慮不周。

●耳朵反廓外露，特立獨行，倔強外向，男人中年事業易敗，女人則要小心婚姻。

●垂珠有痣主有財，耳輪有痣主孝順，重承諾。

●耳朵內有毛或善痣者，主壽，生貴子。

●耳無輪廓，易無子；耳無垂珠，壽易短；耳大面小，最自負；耳小面大，肚量小；耳太低者，智能低；耳高於眉，智慧高；耳朵貼腦，主聚財；耳若過小，器量窄；耳白朱紅，最機靈。

●耳朵無垂珠，主精神耗弱，親情緣薄，生活較辛苦，可戴耳環改變運勢。

●左耳左腎，右耳右腎，耳朵黑又黯沉表示腎臟有問題；稍白好表示性行為過於頻繁。

●耳垂若朝下（肩膀處），表示要靠自己；朝前（口角處），表示接收長輩福蔭。

第11節 地閣的相法

地閣就是臉頰的下部，俗稱「下巴」、「下巴頦」，十二宮相法為「奴僕宮」。流年為61～75歲，關係到一個人的貧、賤、貴、富、晚運、夫妻運、子女運等。

地閣類型解析

1 **地閣豐廣方厚**，主意志堅強，誠信務實，富有領導能力，能得部屬之力，晚運尤佳。

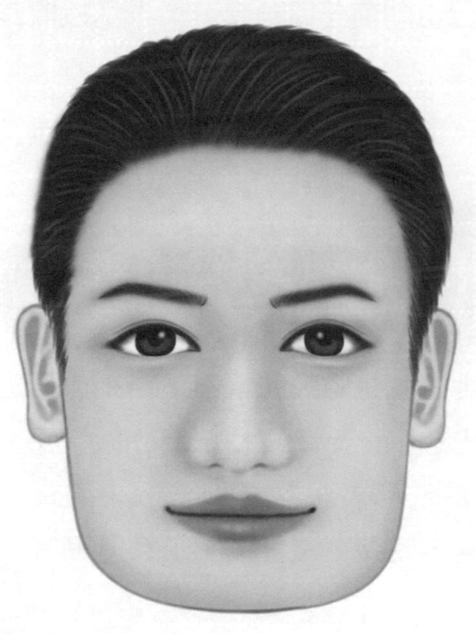

2 地閣豐滿圓潤，主品行亮潔，心寬念純，仁善佈施，氣度恢弘，晚歲平安。所謂：「男重天庭，女重地閣」，故女性有此相，表示幫夫蔭子。

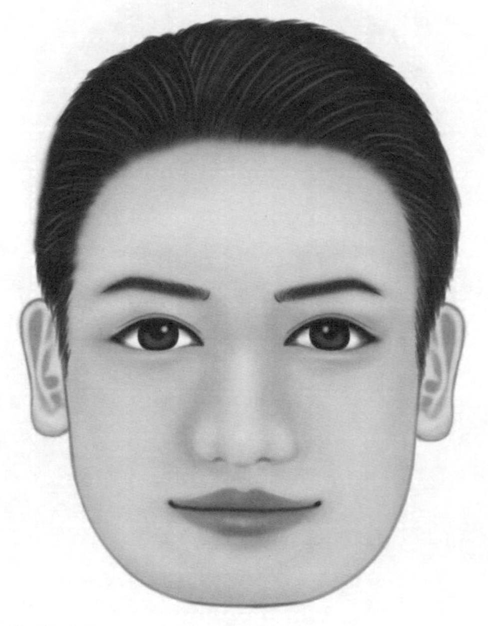

3 地閣尖削縮窄，主意志無堅，思慮不足，挫敗灰心，奔波勞碌，財運愛情運均不佳，末運淒苦。

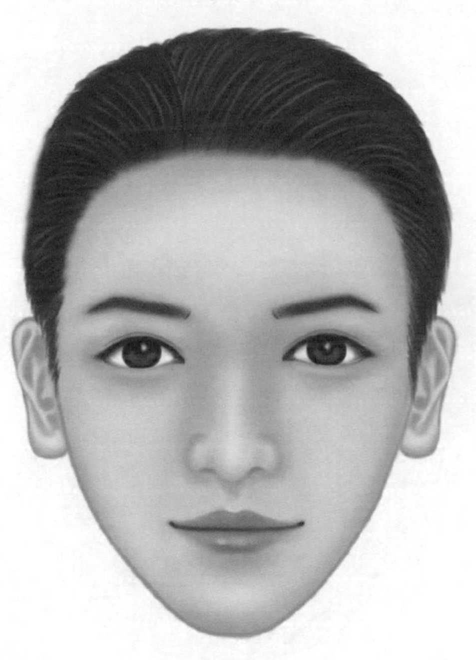

4 地閣下巴凹陷，主處事優柔寡斷，朝三暮四，財運不佳，但有特殊才華或是藝術天份。

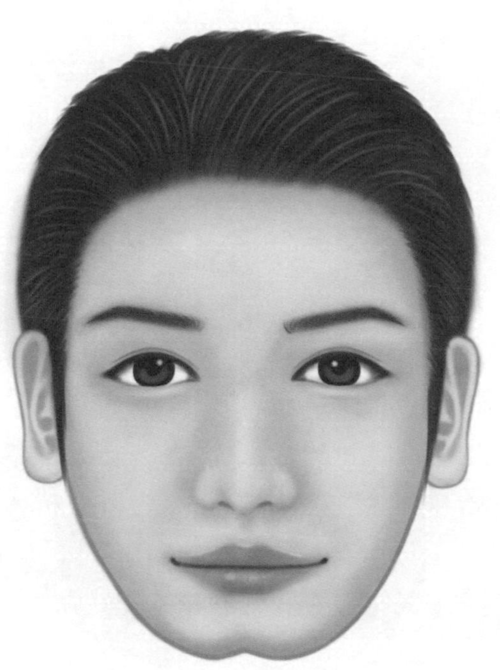

5 地閣過凸上翹，主剛愎自負，固執己見，自吹自擂，容易樹敵，六親緣薄，放蕩終生。

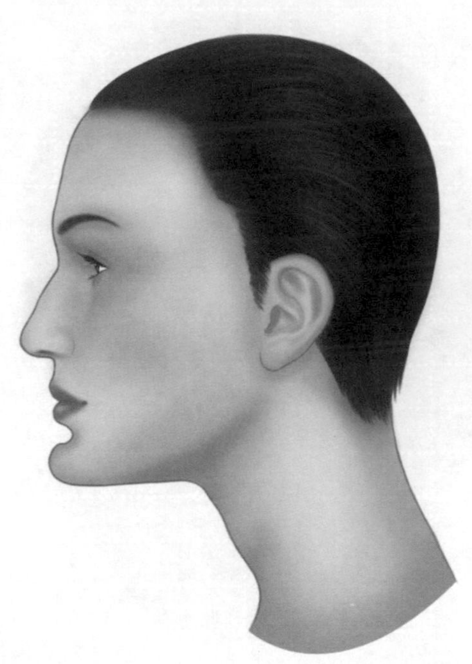

❻ 雙層下巴無痕紋破損，主衣祿可豐，財運亨通，度量寬宏，事業如意，精力充沛，幫夫，子孫運皆佳。

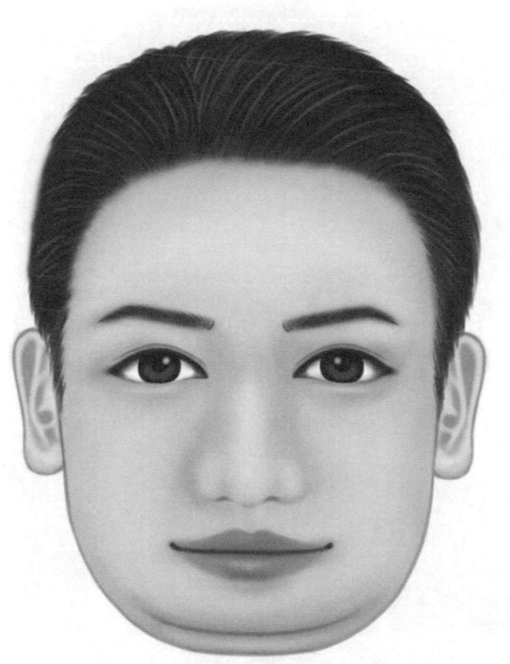

7 地閣下巴過長，主個性溫馴，毅力堅強，辛勤刻苦，夫妻和樂。

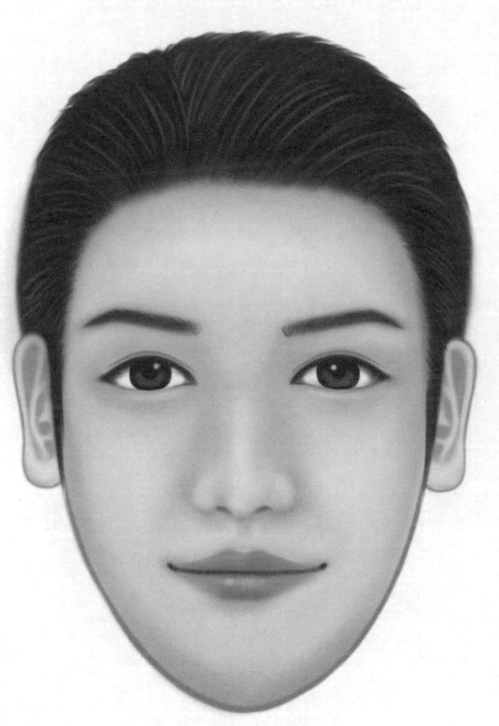

8 下巴過於低小，主漫不經心，陰險狡詐，器量狹窄，晚運、夫妻運、子女運均不佳。

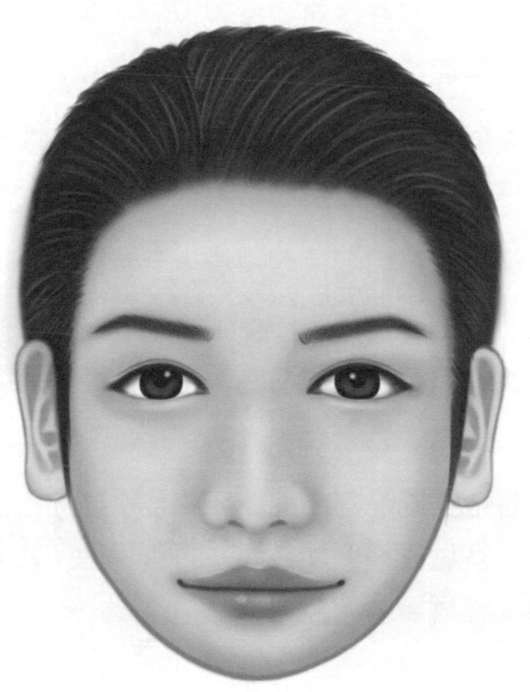

●地閣氣色紅黃紫潤，主鴻運當頭，名利皆得；氣色枯白，主己身亡或血親亡故，防產業大敗；氣色灰黑，主名利皆失，產業遭奪或盜賊入侵；地閣紅青筋串起，主事業上容易犯小人。

●男性有酒窩，主運勢不佳；女性有酒窩，主喜愛自由。但都表示人緣不錯。

●臉頰、地閣無肉消瘦，主悲觀消極，自我沉淪，缺少關愛，晚歲孤苦。

●地閣有刀傷或惡痣，主財敗，夫妻運、子女運均不佳。

●地閣屬晚年老運，若相理不好，一定要多做善事，所謂：「行善積德，定能添福添壽」，就是這個道理。

●地閣長的人，一般都比較長壽。諸如許多名人，到老都還在追逐名利，表示勞心勞碌。

●女性很重視地閣，圓滿豐隆，無疵紋惡痣，主溫和賢淑，賢妻良母，下巴歪斜凹凸，主其人性情弗定，心浮氣躁，不通情理，人緣不佳。

第12節 顴骨的相法

顴骨可顯現出一個人的身分、地位、權勢、聲望、人緣、社交。麻衣神相曰：「顴者，權也。」又云：「問貴在額眼顴，問富在鼻頤頦。」

●顴骨高而有肉，主責任心重，志向高，有權勢，得妻助，壽長。

●顴骨低又尖削，主志行不佳，中年業敗，無權勢，無擔當，壽短。

●女人額高、鼻高、顴高謂之三權命，男人可喜，女人則易刑剋先生，多嫁多離之相。

●男人、女人均要有顴骨，若沒有，男人主難掌權力，女人則主妾命，子息難育。

●女人顴骨經常白透朱紅，雖然人緣頗佳，但不免淫慾桃花，心性不佳，紅杏出牆，婚姻難長久。

●顴骨有明顯傷痕或惡痣，主權勢易旁落，由高處跌落，防高血壓疾病，尤其在壯年時期更驗。

●若見顴骨氣色赤紅、青濃、枯黃、灰黑、青筋凸串、惡痣之人，切勿與之合夥，否則必定招凶禍臨。

●顴骨過高，表示性急倔強，其性好鬥；顴骨過低，表示優柔寡斷，其性慵懶。

●顴骨、鼻子要能互相呼應，主權位皆得。顴骨代表權力，鼻子代表地位，若一高一低，則中年時期容易破敗。

●顴骨太大與整個臉部比例不相稱，主其人懶惰疏忽，性情怪異，成敗無常，凡庸終生。

●顴骨左右橫張與耳後見腮雷同，主蠻橫霸道，賦性剛烈，奸詐狡猾，生性粗暴。

●顴骨不明顯或下陷者，不適合從政當官。

附　記

附記 富貴貧苦壽夭相法

以下富貴貧苦壽夭相法，摘自鍾進添大師之相法大鑑。

人的容貌不一，稟賦自亦不同。所謂富相、貴相、貧賤相、孤苦相、壽相、夭相等六相名稱，各有特徵，如能心領神會，對觀人之道頗有裨助。

財運良好謂之富。其特徵是，面呈圓形，皮膚細膩，鼻如截筒，準頭圓肥，耳厚大貼肉見垂珠，眉長過目，眉間寬廣，眼睛黑白分明，口方而地閣方圓，口稜稍朝上，精神秀異，舉止穩重。

再如身體的特徵，腰圓背厚腹垂，或三停平等，五嶽朝歸，五長俱全，五短五露俱全，眼如丹鳳，聲似鳴鐘，並主富相。

氣質高尚謂之貴。貴相與富相比較，同樣具有好頭好面，但貴相具有一種骨格。

其特徵是，皮膚細美，顏面方長，眼睛黑白分明，炯炯有神，眉高聳秀，印堂廣闊，鼻樑端直，準頭豐隆，兩顴豐圓高拱，口大唇紅有稜，耳大色白過面，額部高廣，虎步龍行，聲音宏亮。

相書又曰：凡看貴相，以「官」、「權」、「印」、「祿」、「威」五件為最重要。官星在鼻，宜豐隆端正。

印堂在眉端，宜平滿廣闊。權勢在兩顴，宜豐圓高拱。威煞在眼睛，宜秀長清明而有神。祿堂在水星，宜紅厚朝元，闊大容拳，鬚清不困，舌厚紅大而長，牙齒堅白而齊，聲如洪鐘。如能件件全美，定主大貴。

貧窮低賤謂之貧賤。賦曰：「今生貧賤，前世惡緣；若能省悟，尚可變遷。」即相書主張「相由心轉」的道理。

貧賤的特徵是，整個顏面輪廓看起來有小的感覺。皮膚粗糙，沒有光澤，滿面塵埃。

頭小額窄，皺紋多。眉低壓眼，眉間狹小或被紋針穿破。面皮急薄，神容憔悴。耳薄焦黑，兩目無光彩，對人偷目斜視。鼻孔灶露，口小唇掀，唇白齒黃。

貧賤相的特徵，不僅面相，身相、動作亦多表現。

如肩背寒薄，精神混濁，行動身斜，坐

頻搖身，頭先過步，顏色乍變，聲乾無韻，語言不足。

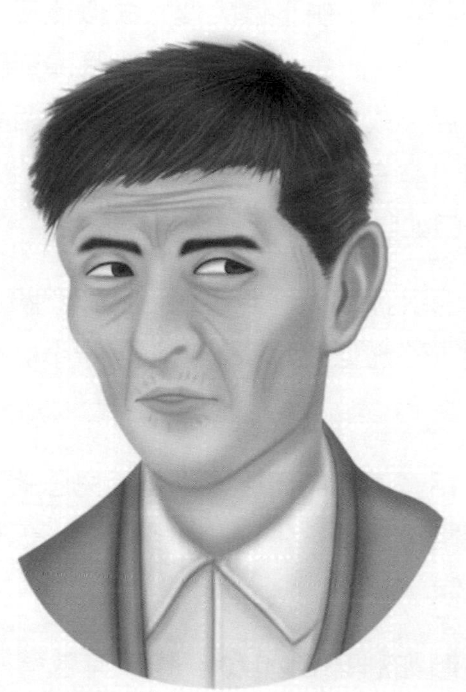

孤苦相

傷妻剋子，晚景孤單謂之孤苦。其特徵是，頭部大而中下停尖瘦。面似橘皮，額部焦黑，多皺紋，耳薄無輪，眉短於目，或眉濃壓眼，眼下深坑，目如蜂目蛇睛，鼻有缺破或斜曲，鼻頭尖薄，人中平滿，口如吹火，口唇紋皺，結喉露齒。

形骨孤寒，神氣薄弱。哭容愁臉，不哭似哭，不愁似愁，背薄背陷，腰小肚小，筋粗骨露。

相理衡真詩曰：「刑害妻兒忌哭容，淚堂深陷泣重重，生來此向多孤獨，怎得承家祧祖宗。

顴如雞卵口如吹，膝下何曾得一兒，年壽勾紋空有子，老來杖履使人悲。氣骨神寒本宜孤，髮濃鬚少便愚夫，朦朧混過久虛日，到老方知子媳無。面似橘皮眼似蛇，紋生魚尾亂交加，結喉露齒平溝洫，一旦無常沒哭爺。」

詩最後說：「孤苦之人莫怨天，君當自省有因緣，前因後果還須悟，晚得麟兒許萬千。」乃勸人以行善補過以改宿命。

壽命長生謂之壽。其特徵是，下停較長，下顎有力，面皮寬厚，整個顏面輪廓有長的感覺。

耳厚而堅，聳而長，或耳內生毫，耳後骨起，耳垂珠朝口。眉長過目，眉尾有朝下的感覺。

眉間寬廣光澤，眉有長毫。眼睛細長，神光柔和可親。

鼻樑高聳，鼻頭大而圓肥，人中深長，口角春風，唇色紅潤，聲響深遠。

相書又曰：「或腰圓背厚，胸闊腹圓，壽帶綿長，耳硬卓立，高眉一寸，眼細有神，耳紅滋潤，額寬華蓋，大便堅固，小便有度，老色愈皺，飲食不暴，性寬有容，量宏心慈，睡不露神，步緩慢行，眠如彎弓，坐如釘石，皆壽相。」

夭相

壽命不長謂之夭。其特徵是，整個面形給人虛弱的感覺，面急如鼓，面皮虛薄，神氣昏昧，色滯昏慘，青藍常見。眉低額尖，眉分八字，眉間生毛相連，睛如魚目，兩目無神。鼻弱樑低，人中短促，睡眼不閉，睡口常開，面青唇黑，齒露唇掀，耳薄如紙，耳門如墨，耳軟鼻軟，項軟頭偏，言談氣短，滿面浮光。

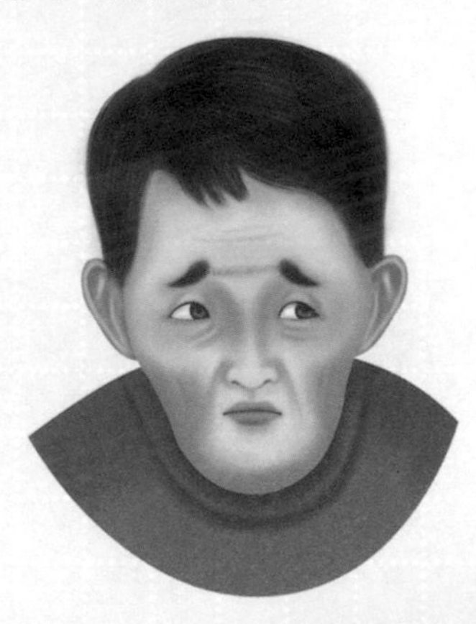

附記 知人知面又知心之綜合研討

1 如何尋覓妥當的合夥人？

- 男性的鼻代表財運，因此鼻愈大，其儲錢的能力就愈強。身為好合夥人，當然是要懂得如何照顧拍檔及下屬，使大家不用終日為公司業務而過分憂心，而天生大鼻的男性便符合這個條件。

- 傳統相學中有「肥人有福」之說，但強調那人必須是全身皆肥，即脂肪不能積聚於某一個部位。例如若只有「大肚腩」，而其他地方卻是皮包骨者，便對運勢無任何正面幫助，更有可能是營養不良的象徵。另外，傳統相書亦有謂「骨重名、肉重利」，即肥人聚財之餘，求財亦比其他人更易，若你的公司有此關鍵人物，財源就自然滾滾來啦！

●可靠合夥人的另一重點面相特徵就是「雙下巴」。下巴圓而有肉，不但代表晚年運甚佳，而且更代表他們平時做事很有責任心，也特別喜歡家庭生活，所以「下巴兜兜」的男性大多屬於顧家一族，不會為了去玩而忘記家庭，而且亦愛留在家中與家人共處，人品如此一流，自然對自家生意及身邊的好拍檔同樣充滿責任感，大家亦不用擔心他們只懂坐享其成。

●若男性天生面呈方形，而且腮骨有力的話，即代表他們大多數是毅力過人之輩，即使面對逆境，他們也總是自強不息，希望找到新出路，絕對是個吃得了苦的人，而且多在家庭中佔有非常重要的位置。如果拍檔有此面相特徵，就代表他們即使在創業時遇到任何衝擊，都能咬緊牙關捱下去，可說是非常可靠，而且絕對值得放心倚賴。

● 若是雙眉彎如新月者，即代表他們並不屬於剛烈或是動輒發脾氣罵人的「火爆一族」。相反，他們大多非常懂得體諒別人，而且亦會與拍檔有事好商量，所以甚少與人發生衝突，這除了可有助內部氣氛更和諧外，對公司的「外交關係」亦有不少幫助。

2 人緣頗佳，很受歡迎的面相

● 唇紅齒白又整齊，主衣食無憂，個性熱情外向，人緣佳，通常唇厚嘴大的人感情豐富，這類人優點是人見人愛，但亦容易感情用事。而門牙大的女子，大都愛裝扮，懂得享受生活，容易討人歡喜。

●長期眼帶淚水者，象徵天生異性緣重，很受別人歡迎；若某時期眼睛特別水汪汪，則代表該時段異性運特強；若單身人士某天發覺自己突然淚眼汪汪，那麼便應抓緊機會，看看身邊有沒有合適的對象。總而言之，眼睛水汪汪都是人緣好、受歡迎的面相。

●官祿事業宮平滿光滑，氣色明潤，無痕紋凹陷，眉高而長，眉色潤澤而不亂，牙齒潔白明亮，印堂豐滿光潤，鼻頭圓豐，和氣生財，都是人緣甚佳，受歡迎之人。

3 領袖人物的基本面相

●如果仔細觀察的話，成功的領袖人物，每一個人都有一副修長、鼻頭圓潤、鼻腳分明、很完美的鼻型。

●能夠長久經營事業，運勢很長，而不至於中途失敗、破產、倒閉的人，他的耳朵一定比一般人還要修長、肥厚、輪廓分明，具有這種相格的人，才能夠持續數十年成長，而不至於失敗，乃為領袖型之人物。

●額頭寬廣豐隆，日月角有奇骨，印堂平滿開闊，眉眼神氣十足，五嶽朝拱，鼻子高聳挺拔，口闊唇厚，法令紋深長，耳高於眉有垂珠，地閣腮庫豐滿等。

4 發財的面相如何看？

●所謂問富在鼻，鼻子長得好，代表有財運與財氣。其主要條件為準頭有肉、鼻翼豐厚有藏，鼻要直挺、鼻高有勢（不是孤高鼻）、鼻孔不露不仰為要。

●雙眼明亮有神，天倉飽滿，山根高聳有力，鼻子豐滿有肉（不露骨節），蘭台廷尉肉厚有收，人中清長，地閣方圓，耳亮紅潤，主財運頗佳。

5 小人的面相如何看？

●印堂若過於狹窄，人中又很短，這種人心胸狹窄，見不得別人好。

●鼻樑骨突起，同時有三白眼。有這種面相的人不只見不得別人好，而且會有很強的報復心態。

●準頭無肉，主此人沒有人情味，缺乏同情心。準頭下垂削尖，甚至形成「鷹勾鼻」，則喜歡將別人當作獵物，玩弄於股掌之間。

●耳後見腮，心地狡貪，所謂的耳後見腮就是從此人後腦杓往前看，兩旁腮幫子明顯突出、有稜有角，非一般人圓滑弧度。個性上太過好勝，一定要強於別人，易與長輩、上司對抗，跟同輩、朋友爭執，夫妻間可能拳腳相向，無形中形成憤世嫉俗的性格。與他們相處交往，不可用太深感情。

●所謂眼白露出，就是指一般所謂的白眼。眉眼的樣子能夠很準確地反映出朋友的好壞。交友時可以多留心對方在眼白的比例是否與眼球瞳孔差很多。不論是上下三白或者是四白眼，這種人都很難相處，也得罪不起，而且他也會自私到總是因為一點利益而與人反目成仇。

●眉毛交加，指的是眉尾處斷裂，在斷裂處又有另一道向上或向下的小短眉出現，此眉型的人，心性極自私，性格反覆，達到目的就過河拆橋。眉毛也是擇偶、交友重點，先看眉是否雜亂。眉亂則性情亂，行為思想矛盾反覆。再看眉淺或深，疏淺而散亂則寡情薄義，粗深而雜亂則太過感情用事。

●眉毛相鬥，兩個眉毛之間應該要分開，標準是自己的手指，一指半到兩指都可以接受，如果之間距離只有一指的話，就是很窄的兩個鬥在一起，就叫做眉毛相鬥。眉毛我們稱為朋友宮，既然相鬥，表示朋友一定會反目成仇。如果眉毛太近，兩個眉毛之間很多的雜毛連在一起，這種甚至會跟朋友打官司、訴訟這類的事情。

●疏淡亂眉，眼睛混濁，鼻歪骨節，顴骨偏斜，嘴形歪斜，耳薄無珠，皆屬不佳之面相。

6 如何從面相看出婚姻的吉凶？

●額頭象徵理想抱負，額頭太高者，眼高過頂，挑肥揀瘦，良緣再三蹉跎，早婚則易離。

●眉毛代表肝膽內分泌，也就是脾氣個性。眉毛先天中斷的人，通常表示肝膽有問題，個性怪異，婚姻難美。

●鼻子中間很明顯突起的人，個性非常怪

異，很難纏固執，恩怨不明軟硬不吃，所以夫妻相處困難，婚姻很難圓滿。

●鼻為夫星，主婚姻、權力及財運地位，若女子的鼻生得好，就會嫁得好，並增強丈夫的運勢，使其事業順利、財運亨通。雖說鼻樑低的女人有幫夫運，但鼻樑也不能過低和太扁。而準頭要圓潤有肉，代表正財鼻，可以靠個人努力，讓事業有所成就。

●眼睛稍大、眼珠黑白分明的女子，都是天真、開朗，帶點孩子氣。她們進退有禮，沒有令人難以忍受的傲氣，因為命好，都以正面思考看待世人。儘管人生有低潮與挫折，面對逆境時會有克服與轉移的思考，並不會大難臨頭各自飛，可與丈夫共患難。

7 職業婦女的面相特徵何在？

●眼睛要黑、大、有光澤、有神采，具有迷人色彩眼睛，貴人緣和朋友緣都非常的好，性格方面有正義感，個性直，同時具備領導人的氣質。

●側面看，額頭、臉頰、下頦均有骨隆起，代表知識豐富，主動積極，意志力強，特別適合發展事業。

●額頭高廣，顴骨突出，法令紋深長，理想遠大，事業心強，職場工作意願都比較高。

8 哪種面相容易離鄉背井？

●耳朵上端尖尖的，很難溝通，但工作卻非常的認真，必須離鄉背井出外謀生才會成功，家產則小心被不肖子孫散盡。

●如額短、狹小、多紋理、低、窄，則主父母、長輩無助力，一生勞苦，做事反覆，早年會離鄉背井。額歪又低，主為人暴躁，多奸謀，易惹官非。

●魚尾紋向下延伸至顴骨部位，三十歲過後大都離鄉背井。

●山根低陷，屬於白手起家勞碌相，難承家業，故只有離鄉發展。

●喉結突出，暴牙露齒，主離鄉背井。

●額頭兩側高廣飽滿（遷移宮），很適合出外發展。

9 如何從女人面相看「性」格？

●眼睛黑白不分明，混濁且帶有牽紅絲狀，比較容易寂寞，每晚都需要男人。

●人中很窄又細，又有點彎曲，在性方面會有變態傾向或是特殊喜好，情慾會特別強。

●女人人中部位，帶有細細紅絲或是嘴唇略為偏黑，表示使用過度，性慾需求無度。

●上唇有痣性慾方面較主動，下唇有痣比較被動。

●眼光水汪汪，春情蕩漾；魚尾皺紋多，性慾多。

●眼下豐滿，陰唇膨脹，富有情慾；眼下欠豐滿，喜求閨房樂趣。

國家圖書館出版品預行編目資料

面相一本通／黃恆堉、李羽宸著.
－－第一版－－臺北市：知青頻道出版；
紅螞蟻圖書發行，2013.2
面　；　公分－－(開運隨身寶；2)
ISBN 978-986-6030-59-8（平裝）

1.面相

293.21　　　　10200179

開運隨身寶 2

面相一本通

作　　者／黃恆堉、李羽宸
美術構成／Chris' office
校　　對／周英嬌、楊安妮、黃恆堉
發 行 人／賴秀珍
總 編 輯／何南輝
出　　版／知青頻道出版有限公司
發　　行／紅螞蟻圖書有限公司
地　　址／台北市內湖區舊宗路二段121巷19號（紅螞蟻資訊大樓）
網　　站／www.e-redant.com
郵撥帳號／1604621-1　紅螞蟻圖書有限公司
電　　話／(02)2795-3656（代表號）
傳　　真／(02)2795-4100
登 記 證／局版北市業字第796號
法律顧問／許晏賓律師
印 刷 廠／卡樂彩色製版印刷有限公司
出版日期／2013年 2 月　第一版第一刷
　　　　　2024年 11月　　第四刷(500本)

定價 220 元　港幣 73 元

ISBN　978-986-6030-59-8　　　Printed in Taiwan